Rosa Luxemburg

Die Krise der Sozialdemokratie

SEVERUS Verlag

Luxemburg, Rosa: Die Krise der Sozialdemokratie. 2016
Neuauflage der Ausgabe von Original-Erscheinungsjahr
ISBN: 978-3-95801-486-2

Umschlaggestaltung: Annelie Lamers, SEVERUS Verlag
Umschlagmotiv: File:IWW demonstration NY/
1914.jpg.commons.wikimedia.org; File:Rosa Luxemburg colorized photo.jpg/jpg.commons.wikimedia.org

Bibliografische Information der Deutschen Nationalbibliothek: Die Deutsche Nationalbibliothek verzeichnet diese Publikation in der Deutschen Nationalbibliografie; detaillierte bibliografische Daten sind im Internet über https://dnb.de abrufbar.

Der SEVERUS Verlag ist ein Imprint der Bedey & Thoms Media GmbH, Hermannstal 119k, 22119 Hamburg

SEVERUS Verlag, 2016
http://www.severus-verlag.de
Gedruckt in Deutschland

Rosa Luxemburg

Die Krise der Sozialdemokratie

SEVERUS

Inhalt

Zur Einleitung

2. Januar 1916

Die nachfolgende Darstellung ist im April vorigen Jahres verfaßt worden. Äußere Umstände verhinderten damals ihre Veröffentlichung.

Ihre nunmehrige Herausgabe ist dem Umstande geschuldet, daß die Arbeiterklasse, je länger der Weltkrieg tobt, um so weniger seine treibenden Kräfte aus den Augen verlieren darf.

Die Schrift erscheint ganz unverändert, um dem Leser die Prüfung zu ermöglichen, wie sicher die historisch-materialistische Methode den Gang der Entwicklung zu erfassen weiß.

Indem sie die Legende des deutschen Verteidigungskrieges kritisch auflöste und die deutsche Beherrschung der Türkei als das eigentliche Ziel eines imperialistischen Angriffskrieges offenbarte, sagte sie voraus, was sich seitdem von Tag zu Tag mehr bestätigt hat und heute, wo der Weltkrieg seinen Schwerpunkt im Orient gefunden hat, vor aller Welt Augen liegt.

I.

Sozialismus oder Barbarei ?

Die Szene hat gründlich gewechselt. Der Marsch in sechs Wochen nach Paris hat sich zu einem Weltdrama ausgewachsen; die Massenschlächterei ist zum ermüdend eintönigen Tagesgeschäft geworden, ohne die Lösung vorwärts oder rückwärts zu bringen. Die bürgerliche Staatskunst sitzt in der Klemme, im eigenen Eisen gefangen; die Geister, die man rief, kann man nicht mehr bannen.

Vorbei ist der Rausch. Vorbei der patriotische Lärm in den Straßen, die Jagd auf Goldautomobile, die einander jagenden falschen Telegramme, die mit Cholerabazillen vergifteten Brunnen, die auf jeder Eisenbahnbrücke Berlins bombenwerfenden russischen Studenten, die über Nürnberg fliegenden Franzosen, die Straßenexzesse des spionenwitternden Publikums, das wogende Menschengedränge in den Konditoreien, wo ohrenbetäubende Musik und patriotische Gesänge die höchsten Wellen schlugen; ganze Stadtbevölkerungen in Pöbel verwandelt, bereit, zu denunzieren, Frauen zu mißhandeln, Hurra zu schreien und sich selbst durch wilde Gerüchte ins Delirium zu steigern; eine Ritualmordatmosphäre, eine Kischineff-Luft, in der der Schutzmann an der Straßenecke der einzige Repräsentant der Menschenwürde war.

Die Regie ist aus. Die deutschen Gelehrten, die »wankenden Lemuren«, sind längst zurückgepfiffen. Die Reservistenzüge werden nicht mehr vom lauten Jubel der nachstürzenden Jungfrauen begleitet, sie grüßen nicht mehr das

Volk aus den Wagenfenstern mit freudigem Lächeln; sie trotten still, ihren Karton in der Hand, durch die Straßen, in denen das Publikum mit verdrießlichen Gesichtern dem Tagesgeschäft nachgeht.

In der nüchternen Atmosphäre des bleichen Tages tönt ein anderer Chorus: der heisere Schrei der Geier und Hyänen des Schlachtfeldes. Zehntausend Zeltbahnen garantiert vorschriftsmäßig! 100.000 Kilo Speck, Kakaopulver, Kaffee-Ersatz, nur per Kasse, sofort lieferbar! Granaten, Drehbänke, Patronentaschen, Heiratsvermittlung für Witwen der Gefallenen, Ledergurte, Vermittlung von Heereslieferungen – nur ernst gemeinte Offerten! Das im August, im September verladene und patriotisch angehauchte Kanonenfutter verwest in Belgien, in den Vogesen, in den Masuren in Totenäckern, auf denen der Profit mächtig in die Halme schießt. Es gilt, rasch die Ernte in die Scheunen zu bringen. Über den Ozean strecken sich tausend gierige Hände, um mitzuraffen.

Das Geschäft gedeiht auf Trümmern. Städte werden zu Schutthaufen, Dörfer zu Friedhöfen, Länder zu Wüsteneien, Bevölkerungen zu Bettlerhaufen, Kirchen zu Pferdeställen; Völker recht, Staatsverträge, Bündnisse, heiligste Worte, höchste Autoritäten in Fetzen zerrissen; jeder Souverän von Gottes Gnaden den Vetter von der Gegenseite als Trottel und wortbrüchigen Wicht, jeder Diplomat den Kollegen von der anderen Partei als abgefeimten Schurken, jede Regierung die andere als Verhängnis des eigenen Volkes der allgemeinen Verachtung preisgebend; und Hungertumulte in Venetien, in Lissabon, in Moskau, in Singapur, und Pest in Rußland, und Elend und Verzweiflung überall.

Geschändet, entehrt, im Blute watend, von Schmutz triefend- so steht die bürgerliche Gesellschaft da, so ist sie. Nicht wenn sie, geleckt und sittsam, Kultur, Philosophie und Ethik, Ordnung, Frieden und Rechtsstaat mimt – als reißende Bestie, als Hexensabbat der Anarchie, als Pesthauch für Kultur und Menschheit-, so zeigt sie sich in ihrer wahren, nackten Gestalt.

Mitten in diesem Hexensabbat vollzog sich eine weltgeschichtliche Katastrophe: die Kapitulation der internationalen Sozialdemokratie. Sich darüber zu täuschen, sie zu verschleiern, wäre das Törichtste, das Verhängnisvollste, was dem Proletariat passieren könnte. » ... der Demokrat« (das heißt der revolutionäre Kleinbürger), sagt Marx, »geht ebenso makellos aus der schmählichsten Niederlage heraus, wie er unschuldig in sie hineingegangen ist, mit der neugewonnenen Überzeugung, daß er siegen muß, nicht daß er selbst und seine Partei den alten Standpunkt aufzugeben, sondern umgekehrt, daß die Verhältnisse ihm entgegen zureifen haben.« Das moderne Proletariat geht anders aus geschichtlichen Proben hervor. Gigantisch wie seine Aufgaben sind auch seine Irrtümer. Kein vorgezeichnetes, ein für allemal gültiges Schema, kein unfehlbarer Führer zeigt ihm die Pfade, die es zu wandeln hat. Die geschichtliche Erfahrung ist seine einzige Lehrmeisterin, sein Dornenweg der Selbstbefreiung ist nicht bloß mit unermeßlichen Leiden, sondern auch mit unzähligen Irtümern gepflastert. Das Ziel seiner Reise, seine Befreiung hängt davon ab, ob das Proletariat versteht, aus den eigenen Irrtümern zu lernen. Selbstkritik, rückisichtslose, grausame, bis auf den Grund der Dinge gehende Selbstkritik ist Lebensluft und Lebenslicht der proletarischen Bewegung. Der Fall des sozialistischen Proletariats im gegenwärtigen Weltkrieg ist beispiellos, ist ein Unglück für die Menschheit. Verloren wäre der Sozialismus nur dann, wenn das internationale Proletariat die Tiefe dieses Falls nicht ermessen, aus ihm nicht lernen wollte.

Was jetzt in Frage steht, ist der ganze letzte fünfundvierzigjährige Abschnitt in der Entwicklung der modernen Arbeiterbewegung. Was wir erleben, ist die Kritik, der Strich und die Summa unter den Posten unserer Arbeit seit bald einem halben Jahrhundert. Das Grab der Pariser Kommune hatte die erste Phase der europäischen Arbeiterbewegung und die erste Internationale geschlossen. Seitdem begann eine neue Phase. Statt der spontanen Revolutionen, Aufstände, Barrikadenkämpfe, nach denen das Proletariat jedesmal wieder in seinen passiven Zustand zurückfiel, begann der systematische Tageskampf, die Ausnützung des bürgerlichen Parlamentarismus, die Massenorganisation, die Vermählung des wirtschaftlichen mit dem politischen Kampfe und des sozialistischen Ideals mit der hartnäckigen Verteidigung der nächsten Tagesinteressen. Zum ersten Male leuchtete der Sache des Proletariats und seiner Emanzipation der Leitstern einer strengen wissenschaftlichen Lehre. Statt der Sekten, Schulen, Utopien, Experimente in jedem Lande auf eigene Faust erstand eine einheitliche internationale theoretische Grundlage, die Länder wie Zeilen in einem Band verschlang. Die marxistische Erkenntnis gab der Arbeiterklasse der ganzen Welt einen Kompaß in die Hand, um sich im Strudel der Tagesereignisse zurechtzufinden, um die Kampftaktik jeder Stunde nach dem unverrückbaren Endziel zu richten.

Trägerin, Verfechterin und Hüterin dieser neuen Methode war die deutsche Sozialdemokratie. Der Krieg von 1870 und die Niederlage der Pariser Kommune hatten den Schwerpunkt der europäischen Arbeiterbewegung nach Deutschland verlegt. Wie Frankreich die klassische Stätte der ersten Phase des proletarischen Klassenkampfes, wie Paris das pochende und blutende Herz der europäischen Arbeiterklasse in jener Zeit gewesen war, so wurde die deutsche Arbeiterschaft zur Vorhut der zweiten Phase. Sie hat durch zahllose Opfer der unermüdlichen Kleinarbeit die stärkste und mustergültige Organisation ausgebaut, die größte Presse geschaffen, die wirksamsten Bildungs- und Aufklärungsmittel ins Leben gerufen, die gewaltigsten Wählermassen um sich geschart, die zahlreichsten Parlamentsvertretungen errungen. Die deutsche Sozialdemokratie galt als die reinste Verkörperung des marxistischen Sozialismus. Sie hatte und beanspruchte eine Sonderstellung als die Lehrmeisterin und Führerin der zweiten Internationale. Friedrich Engels schrieb im Jahre 1895 in seinem berühmten Vorwort zu Marxens »Klassenkämpfen in Frankreich«: »Was auch in anderen Ländern geschehen möge, die deutsche Sozialdemokratie hat eine besondere Stellung und damit wenigstens zunächst auch eine besondere Aufgabe. Die zwei Millionen Wähler, die sie an die Urnen schickt, nebst den jungen Männern und den Frauen, die als Nichtwähler hinter ihnen stehen, bilden die zahlreichste, kompakteste Masse, den entscheidenden ‚Gewalthaufen' der internationalen proletarischen Armee.« Die deutsche Sozialdemokratie war, wie die »Wiener Arbeiterzeitung« am 5. August 1914 schrieb, »das Juwel der Organisation des klassenbewußten, Proletariats«. In ihre Fußstapfen traten immer eifriger die französische, die italienische und die belgische Sozialdemokratie, die Arbeiterbewegung Hollands, Skandinaviens, der Schweiz, der Vereinigten Staaten. Die slawischen Länder aber, die Russen, die Sozialdemokraten des Balkans, blickten zu ihr mit schrankenloser, beinahe kritikloser Bewunderung auf. In der zweiten Internationale spielte der deutsche »Gewalthaufen« die ausschlaggebende Rolle. Auf den Kongressen, in den Sitzungen des Internationalen Sozialistischen Büros wartete alles auf die deutsche Meinung. Ja, gerade in den Fragen des Kampfes gegen den Militarismus und den Krieg trat die deutsche Sozialdemokratie stets entscheidend auf. »Für uns Deutsche ist dies unannehmbar«, genügte regelmäßig, um die Orientierung der Internationale zu bestimmen. Mit blindem Vertrauen ergab sie sich der Führung der bewunderten mächtigen deutschen Sozialdemokratie: diese war der Stolz jedes Sozialisten und der Schrecken der herrschenden Klassen in allen Ländern.

Und was erlebten wir in Deutschland, als die große historische Probe kam? Den tiefsten Fall, den gewaltigsten Zusammenbruch. Nirgends ist die Organisation des Proletariats so gänzlich in den Dienst des Imperialismus gespannt, nirgends wird der Belagerungszustand so widerstandslos ertragen, nirgends die Presse so geknebelt, die öffentliche Meinung so erwürgt, der wirtschaftliche und politische Klassenkampf der Arbeiterklasse so gänzlich preisgegeben wie in Deutschland.

Aber die deutsche Sozialdemokratie war nicht bloß der stärkste Vortrupp, sie war das denkende Hirn der Internationale. Deshalb muß in ihr und an ihrem Fall die Analyse, der Selbstbesinnungsprozeß ansetzen. Sie hat die Ehrenpflicht, mit der Rettung des internationalen Sozialismus, das heißt mit schonungsloser Selbstkritik voranzugehen. Keine andere Partei, keine andere Klasse der bürgerlichen Gesellschaft darf die eigenen Fehler, die eigenen Schwächen im klaren Spiegel der Kritik vor aller Welt zeigen, denn der Spiegel wirft ihr zugleich die vor ihr stehende geschichtliche Schranke und das hinter ihr stehende geschichtliche Verhängnis zurück. Die Arbeiterklasse darf stets ungescheut der Wahrheit, auch der bittersten Selbstbezichtigung ins Antlitz blicken, denn ihre Schwäche ist nur eine Verirrung, und das strenge Gesetz der Geschichte gibt ihr die Kraft zurück, verbürgt ihren endlichen Sieg.

Die schonungslose Selbstkritik ist nicht bloß das Daseinsrecht, sie ist auch die oberste Pflicht der Arbeiterklasse. An unserem Bord führten wir die höchsten Schätze der Menschheit, zu deren Hüter das Proletariat bestellt war! Und während die bürgerliche Gesellschaft, geschändet und entehrt durch die blutige Orgie, ihrem Verhängnis weiter entgegenrennt, muß und wird das internationale

Proletariat sich aufraffen und die goldenen Schätze heben, die es im wilden Strudel des Weltkrieges in einem Augenblick der Verwirrung und der Schwäche hat auf den Grund sinken lassen.

Eins ist sicher: der Weltkrieg ist eine Weltwende. Es ist ein törichter Wahn, sich die Dinge so vorzustellen, daß wir den Krieg nur zu überdauern brauchen, wie der Hase unter dem Strauch das Ende des Gewitters abwartet, |6| um nachher munter wieder in alten Trott zu verfallen. Der Weltkrieg hat die Bedingungen unseres Kampfes verändert und uns selbst am meisten. Nicht als ob die Grundgesetze der kapitalistischen Entwicklung, der Krieg zwischen Kapital und Arbeit auf Tod und Leben eine Abweichung oder eine Milderung erfahren sollten. Schon jetzt, mitten im Kriege, fallen die Masken, und es grinsen uns die alten bekannten Züge an. Aber das Tempo der Entwicklung hat durch den Ausbruch des imperialistischen Vulkans einen gewaltigen Ruck erhalten, die Heftigkeit der Auseinandersetzungen im Schoße der Gesellschaft, die Größe der Aufgaben, die vor dem sozialistischen Proletariat in unmittelbarer Nähe ragen – sie lassen alles bisherige in der Geschichte der Arbeiterbewegung als sanftes Idyll erscheinen.

Geschichtlich war dieser Krieg berufen, die Sache des Proletariats gewaltig zu fördern. Bei Marx, der so viele historische Begebenheiten mit prophetischem Blick im Schoße der Zukunft entdeckt hat, findet sich in der Schrift über »Die Klassenkämpfe in Frankreich« die folgende merkwürdige Stelle:

»In Frankreich tut der Kleinbürger, was normalerweise der industrielle Bourgeois tun müßte (um die parlamentarischen Rechte kämpfen); der Arbeiter tut, was normalerweise die Aufgabe des Kleinbürgers wäre (um die demokratische Republik kämpfen); und die Aufgabe des Arbeiters, wer löst sie? Niemand. Sie wird nicht in Frankreich gelöst, sie wird in Frankreich proklamiert. Sie wird nirgendwo gelöst innerhalb der nationalen Wände. Der Klassenkrieg innerhalb der französischen Gesellschaft schlägt um in einen Weltkrieg, worin sich die Nationen gegenübertreten. Die Lösung, sie beginnt erst in dem Augenblick, wo durch den Weltkrieg das Proletariat an die Spitze des Volkes getrieben wird, das den Weltmarkt beherrscht, an die Spitze Englands. Die Revolution, die hier nicht ihr Ende, sondern ihren organisatorischen Anfang findet, ist keine kurzatmige Revolution. Das jetzige Geschlecht gleicht den Juden, die Moses durch die Wüste führt. Es hat nicht nur eine neue Welt zu erobern, es muß untergehen, um den Menschen Platz zu machen, die einer neuen Welt gewachsen sind.«

Das war im Jahre 1850 geschrieben, zu einer Zeit, wo England das einzige kapitalistisch entwickelte Land, das englische Proletariat das bestorganisierte, durch den wirtschaftlichen Aufschwung seines Landes zur Führung der internationalen Arbeiterklasse berufen schien. Lies statt England: Deutschland, und die Worte Marxens sind eine geniale Vorausahnung des heutigen Weltkrieges. Er war berufen, das deutsche Proletariat an die Spitze des Volkes zu treiben und damit »den organisatorischen Anfang« zu der großen internationalen Generalauseinandersetzung zwischen der Arbeit und dem Kapital um die politische Macht im Staate zu machen.

Und haben wir uns etwa die Rolle der Arbeiterklasse im Weltkriege anders vorgestellt? Erinnern wir uns, wie wir noch vor kurzer Zeit das Kommende zu schildern pflegten.

»Dann kommt die Katastrophe. Alsdann wird in Europa der große Generalmarsch schlagen, auf den hin 16 bis 18 Millionen Männer, die Blüte der verschiedenen Nationen, ausgerüstet mit den besten Mordwerkzeugen, gegeneinander als Feinde ins Feld rücken. Aber nach meiner Überzeugung steht hinter dem großen Generalmarsch der große Kladderadatsch. Er kommt nicht durch uns, er kommt durch Sie selber. Sie treiben die Dinge auf die Spitze, Sie führen es zu einer Katastrophe. Sie werden ernten, was Sie gesät haben. Die Götterdämmerung der bürgerlichen Welt ist im Anzuge. Seien Sie sicher: sie ist im Anzuge!«

So sprach unser Fraktionsredner, Bebel, in der Marokkodebatte im Reichstag.

Die offizielle Flugschrift der Partei »Imperialismus oder Sozialismus?«, die vor einigen Jahren in Hunderttausenden von Exemplaren verbreitet worden ist, schloß mit den Worten:

»So wächst sich der Kampf gegen den Imperialismus immer mehr zum Entscheidungskampf zwischen Kapital und Arbeit aus. Kriegsgefahr, Teuerung und Kapitalismus. – Friede, Wohlstand für alle, Sozialismus! so ist die Frage gestellt. Großen Entscheidungen geht die Geschichte entgegen. Unablässig muß das Proletariat an seiner welthistorischen Aufgabe arbeiten, die Macht seiner Organisation, die Klarheit seiner Erkenntnis stärken. Möge dann kommen, was da will, mag es seiner Kraft gelingen, die fürchterlichen Greuel eines Weltkrieges der Menschheit zu ersparen, oder mag die kapitalistische Welt nicht anders in die Geschichte versinken, wie sie aus ihr geboren ward, in Blut und in Gewalt: die historische Stunde wird die Arbeiterklasse bereit finden, und bereit sein ist alles.«

Im offiziellen »Handbuch für sozialdemokratische Wähler« vom Jahre 1911, zur letzten Reichstagswahl, steht auf S.42 über den erwarteten Weltkrieg zu lesen:

»Glauben unsere Herrschenden und herrschenden Klassen dieses Ungeheure den Völkern zumuten zu dürfen? Wird nicht ein Schrei des Entsetzens, des Zornes, der Empörung die Völker erfassen und sie veranlassen, diesem Morden ein Ende zu machen?«

Werden sie nicht fragen: Für wen, für was das alles? Sind wir denn Geisteskranke, um so behandelt zu werden oder uns so behandeln zu lassen?

Wer sich die Wahrscheinlichkeit eines großen europäischen Krieges ruhig überlegt, kann zu keinen anderen Schlüssen, als den hier angeführten kommen.

Der nächste europäische Krieg wird ein Vabanquespiel, wie es die Welt noch nicht gesehen, er ist aller Voraussicht nach der letzte Krieg.«

Mit dieser Sprache, mit diesen Worten warben unsere jetzigen Reichstagsabgeordneten um ihre 110 Mandate.

Als im Sommer des Jahres 1911 der Panthersprung nach Agadir und die lärmende Hetze der deutschen Imperialisten die Gefahr des europäischen Krieges in die nächste Nähe gerückt hatten, nahm eine internationale Versammlung in London am 4. August die folgende Resolution an:

»Die deutschen, spanischen, englischen, holländischen und französischen Delegierten der Arbeiterorganisationen erklären, bereit zu sein, sich jeder Kriegserklärung mit allen zu Gebote stehenden Mitteln zu widersetzen. Jede vertretene Nation übernimmt die Verpflichtung, gemäß den Beschlüssen ihrer nationalen und der internationalen Kongresse gegen alle verbrecherischen Umtriebe der herrschenden Klassen zu handeln.«

Als aber im November 1912 der Internationale Kongreß in Basel zusammentrat, als der lange Zug der Arbeitervertreter im Münster anlangte, da ging ein Erschauern vor der Größe der, kommenden Schicksalsstunde und ein heroischer Entschluß durch die Brust aller Anwesenden.

Der kühle, skeptische Victor Adler rief:

»Genossen, das Wichtigste ist, daß wir hier an dem gemeinsamen Quell Unserer Kraft sind, daß wir von hier die Kraft mitnehmen, ein jeder in seinem Lande zu tun, was er kann, durch die Formen und Mittel, die wir haben, mit der ganzen Macht, die wir besitzen, uns entgegenzustemmen dem Verbrechen des Krieges. Und wenn es vollbracht werden sollte, wenn es wirklich vollbracht werden sollte, dann müssen wir dafür sorgen, daß es ein Stein sei, ein Stein vom Ende.

Das ist die Gesinnung, die die ganze Internationale beseelt.

Und wenn Mord und Brand und Pestilenz durch das zivilisierte Europa ziehen – wir können nur mit Schaudern daran denken, und Empörung und Entrüstung ringt sich aus unserer Brust. Und wir fragen uns: sind denn die Menschen, sind die Proletarier wirklich heute noch Schafe, daß sie stumm zur Schlachtbank geführt werden können? ...«

Troelstra sprach im Namen der »kleinen Nationen«, auch in Belgiens Namen:

»Mit Gut und Blut steht das Proletariat der kleinen Länder der Internationale zur Verfügung in allem, was sie beschließen will, um den Krieg fernzuhalten. Wir sprechen weiter die Erwartung aus, daß, wenn einmal die herrschenden Klassen der großen Staaten die Söhne ihres Proletariats zu den Waffen rufen, um die Habgier und die Herrschaft ihrer Regierungen zu kühlen in dem Blute und auf dem Boden der kleinen Völker, daß dann die Proletariersöhne unter dem mächtigen Einfluß ihrer proletarischen Eltern, des Klassenkampfes und der proletarischen Presse es sich dreimal überlegen werden, ehe sie im Dienste dieses kulturfeindlichen Unternehmens uns, ihren Brüdern, ihren Freunden etwas zuleide tun.«

Und Jaurès schloß seine Rede, nachdem er im Namen des Internationalen Büros das Manifest gegen den Krieg verlesen hatte:

»Die Internationale vertritt alle sittlichen Kräfte in der Welt! Und wenn einmal die tragische Stunde schlägt, in der wir uns ganz hingeben müßten, dieses Bewußtsein würde uns stützen und stärken. Nicht nur leichthin gesprochen, nein, aus dem Tiefsten unseres Wesens erklären wir, wir sind zu allen Opfern bereit.«

Es war wie ein Rütlischwur. Die ganze Welt richtete die Blicke auf den Basler Münster, wo die Glocken zur künftigen großen Schlacht zwischen der Armee der Arbeit und der Macht des Kapitals ernst und feierlich läuteten.

Am 3. Dezember 1912 sprach der sozialdemokratische Fraktionsredner David im Deutschen Reichstag:

»Das war eine der schönsten Stunden meines Lebens, das bekenne ich. Als die Glocken des Münsters den Zug der internationalen Sozialdemokraten begleiteten, als die roten Fahnen im Chor der Kirche um den Altar sich aufstellten, und als Orgelklang die Sendboten der Völker begrüßte, die den Frieden verkünden wollten, da war das allerdings ein Eindruck, den ich nicht vergessen werde ... Was sich hier vollzieht, das sollte Ihnen doch klarwerden. Die Massen hören auf, willenlose, gedankenlose Herden zu sein. Das ist neu in der Geschichte. Früher haben sich die Massen blindlings von denen, die Interesse an einem Krieg hatten, gegeneinanderhetzen und in den Massenmord treiben lassen. Das hört auf. Die Massen hören auf, willenlose Instrumente und Trabanten irgendwelcher Kriegsinteressenten zu sein.«

Noch eine Woche vor Ausbruch des Krieges, am 26. Juli 1914, schrieben deutsche Parteiblätter:

»Wir sind keine Marionetten, wir bekämpfen mit aller Energie ein System, das die Menschen zu willenlosen Werkzeugen der blind waltenden Verhältnisse macht, diesen Kapitalismus, der das nach Frieden dürstende Europa in ein dampfendes Schlachthaus zu verwandeln sich anschickt. Wenn das Verderben seinen Gang geht, wenn der entschlossene Friedenswille des deutschen, des internationalen Proletariats, der in den nächsten Tagen sich in machtvollen Kundgebungen offenbaren wird, nicht imstande sein sollte, den Weltkrieg abzuwehren, dann soll er wenigstens der letzte Krieg, dann soll er die Götterdämmerung des Kapitalismus werden.« (»Frankfurter Volksstimme.«)

Noch am 30. Juli 1914 rief das Zentralorgan der deutschen Sozialdemokratie:

»Das sozialistische Proletariat lehnt jede Verantwortung für die Ereignisse ab, die eine bis zum Aberwitz verblendete herrschende Klasse heraufbeschwört. Es weiß, daß gerade ihm neues Leben aus den Ruinen blühen wird. Alle Verantwortung fällt auf die Machtbaber von heute.

Für sie handelt es sich um Sein oder Nichtsein.

Die Weltgeschichte ist das Weltgericht.«

Und dann kam das Unerhörte, das Beispiellose, der 4. August 1914.

Ob es so kommen mußte? Ein Geschehnis von dieser Tragweite ist gewiß kein Spiel des Zufalls. Es müssen ihm tiefe und weitgreifende objektive Ursachen zugrunde liegen. Aber diese Ursachen können auch in Fehlern der Führerin des Proletariats, der Sozialdemokratie, im Versagen unseres Kampfwillens, unseres Muts, unserer Überzeugungstreue liegen. Der wissenschaftliche Sozialismus hat uns gelehrt, die objektiven Gesetze der geschichtlichen Entwicklung zu begreifen. Die Menschen machen ihre Geschichte nicht aus freien Stücken. Aber sie machen sie selbst. Das Proletariat ist in seiner Aktion von dem jeweiligen Reifegrad der gesellschaftlichen Entwicklung abhängig, aber die gesellschaftliche Entwicklung geht nicht jenseits des Proletariats vor sich, es ist in gleichem Maße ihre Triebfeder und Ursache, wie es ihr Produkt und Folge ist. Seine Aktion selbst ist mitbestimmender Teil der Geschichte. Und wenn wir die geschichtliche Entwicklung so wenig überspringen können, wie der Mensch seinen Schatten, wir können sie wohl beschleunigen oder verlangsamen.

Der Sozialismus ist die erste Volksbewegung der Weltgeschichte, die sich zum Ziel setzt und von der Geschichte berufen ist, in das gesellschaftliche Tun der Menschen einen bewußten Sinn, einen planmäßigen Gedanken und damit den freien Willen hineinzutragen. Darum nennt Friedrich Engels den endgültigen Sieg des sozialistischen Proletariats einen Sprung der Menschheit aus dem Tierreich in das Reich der Freiheit. Auch dieser »Sprung« ist an eherne Gesetze der Geschichte, an tausend Sprossen einer vorherigen qualvollen und allzu langsamen Entwicklung gebunden. Aber er kann nimmermehr vollbracht werden, wenn aus all dem von der Entwicklung zusammengetragenen Stoff der materiellen Vorbedingungen nicht der zündende Funke des bewußten Willens der großen Volksmasse aufspringt. Der Sieg des Sozialismus wird nicht wie ein Fatum vom Himmel herabfallen. Er kann nur durch eine lange Kette gewaltiger Kraftproben zwischen den alten und den neuen Mächten erkämpft werden, Kraftproben, in denen das internationale Proletariat unter der Führung der Sozialdemokratie lernt und versucht, seine Geschicke in die eigene Hand zu nehmen, sich des Steuers des gesellschaftlichen Lebens zu bemächtigen, aus einem willenlosen Spielball der eigenen Geschichte zu ihrem zielklaren Lenker zu werden.

Friedrich Engels sagte einmal: die bürgerliche Gesellschaft steht vor einem Dilemma: entweder Übergang zum Sozialismus oder Rückfall in die Barbarei. Was bedeutet ein »Rückfall in die Barbarei« auf unserer Höhe der europäischen Zivilisation? Wir haben wohl alle die Worte bis jetzt gedankenlos gelesen und wiederholt, ohne ihren furchtbaren Ernst zu ahnen. Ein Blick um uns in diesem Augenblick zeigt, was ein Rückfall der bürgerlichen Gesellschaft in die Barbarei bedeutet. Dieser Weltkrieg- das ist ein Rückfall in die Barbarei. Der Triumph des Imperialismus führt zur Vernichtung der Kultur – sporadisch während der Dauer eines modernen Krieges, und endgültig, wenn die nun begonnene Periode der Weltkriege ungehemmt bis zur letzten Konsequenz ihren Fortgang nehmen sollte. Wir stehen also heute, genau wie Friedrich Engels vor einem Menschenalter, vor vierzig Jahren, voraussagte, vor der Wahl: entweder Triumph des Imperialismus und Untergang jeglicher Kultur, wie im alten Rom, Entvölkerung, Verödung, Degeneration, ein großer Friedhof. Oder Sieg des Sozialismus, das heißt der bewußten Kampfaktion des internationalen Proletariats gegen den Imperialismus und seine Methode: den Krieg. Dies ist ein Dilemma der Weltgeschichte, ein Entweder- Oder, dessen Waagschalen zitternd schwanken vor dem Entschluß des klassenbewußten Proletariats. Die Zukunft der Kultur und der Menschheit hängt davon ab, ob das Proletariat sein revolutionäres Kampfschwert mit männlichem Entschluß in die Waagschale wirft.

In diesem Kriege hat der Imperialismus gesiegt. Sein blutiges Schwert des Völkermordes hat mit brutalem Übergewicht die Waagschale in den Abgrund des Jammers und der Schmach hinabgezogen. Der ganze Jammer und die ganze Schmach können nur dadurch aufgewogen werden, daß wir aus dem Kriege und im Kriege lernen, wie das Proletariat sich aus der Rolle eines Knechts in den Händen der herrschenden Klassen zum Herrn des eigenen Schicksals aufrafft.

Teuer erkauft die moderne Arbeiterklasse jede Erkenntnis ihres historischen Berufes. Der Golgathaweg ihrer Klassenbefreiung ist mit furchtbaren Opfern besät. Die Junikämpfer, die Opfer der Kommune, die Märtyrer der russischen Revolution – ein Reigen blutiger Schatten schier ohne Zahl. Jene waren aber auf dem Felde der Ehre gefallen, sie sind, wie Marx über die Kommune-Helden schrieb, auf »ewige Zeiten eingeschreint in dem großen Herzen der Arbeiterklasse«. Jetzt fallen Millionen Proletarier aller Zungen auf dem Felde der Schmach, des Brudermordes, der Selbstzerfleischung mit dem Sklavengesang auf den Lippen. Auch das sollte uns nicht erspart bleiben. Wir gleichen wahrhaft den Juden, die Moses durch die Wüste führt. Aber wir sind nicht verloren, und wir werden siegen, wenn wir zu lernen nicht verlernt haben. Und sollte die heutige Führerin des Proletariats, die Sozialdemokratie, nicht zu lernen verstehen, dann wird sie untergehen, »um den Menschen Platz zu machen, die einer neuen Welt gewachsen sind«.

II.

»Jetzt stehen wir vor der ehernen Tatsache des Krieges«

»Jetzt stehen wir vor der ehernen Tatsache des Krieges. Uns drohen die Schrecken feindlicher Invasionen. Nicht für oder gegen den Krieg haben wir heute zu entscheiden, sondern über die Frage der für die Verteidigung des Landes erforderlichen Mittel ... Für unser Volk und seine freiheitliche Zukunft steht bei einem Sieg des russischen Despotismus, der sich mit dem Blute der Besten des eigenen Volkes befleckt hat, viel, wenn nicht alles auf dem Spiel. Es gilt, diese Gefahr abzuwehren, die Kultur und die Unabhängigkeit unseres eigenen Landes sicherzustellen. Da machen wir wahr, was wir immer betont haben: Wir lassen in der Stunde der Gefahr das eigene Vaterland nicht im Stich. Wir fühlen uns dabei im Einklang mit der Internationale, die das Recht jedes Volkes auf nationale Selbständigkeit und Selbstverteidigung jederzeit anerkannt hat, wie wir auch in Übereinstimmung mit ihr jeden Eroberungskrieg verurteilen ... Von diesen Grundsätzen geleitet, bewilligen wir die geforderten Kriegskredite.«

Mit dieser Erklärung gab die Reichstagsfraktion am 4. August die Parole, welche die Haltung der deutschen Arbeiterschaft im Kriege bestimmen und beherrschen sollte. Vaterland in Gefahr, nationale Verteidigung, Volkskrieg um Existenz, Kultur und Freiheit- das war das Stichwort, das von der parlamentarischen Vertretung der Sozialdemokratie gegeben wurde. Alles andere ergab sich daraus als einfache Folge: die Haltung der Parteipresse und der Gewerkschaftspresse, der patriotische Taumel der Massen, der Burgfrieden, die plötzliche Auflösung der Internationale – alles war nur unvermeidliche Konsequenz der ersten Orientierung, die im Reichstag getroffen wurde.

Wenn es sich wirklich um die Existenz der Nation, um die Freiheit handelt, wenn diese nur mit dem Mordeisen verteidigt werden kann, wenn der Krieg eine heilige Volkssache ist – dann wird alles selbstverständlich und klar, dann muß alles in Kauf genommen werden. Wer den Zweck will, muß die Mittel wollen. Der Krieg ist ein methodisches, organisiertes, riesenhaftes Morden. Zum systematischen Morden muß aber bei normal veranlagten Menschen erst der entsprechende Rausch erzeugt werden. Dies ist seit jeher die wohlbegründete Methode der Kriegführenden. Der Bestialität der Praxis muß die Bestialität der Gedanken und der Gesinnung entsprechen, diese muß jene vorbereiten und begleiten. Alsdann sind der »Wahre Jacob« vom 28. August mit dem Bild des deutschen »Dreschers«, die Parteiblätter in Chemnitz, Hamburg, Kiel, Frankfurt, Koburg und andere mit ihrer patriotischen Hetze in Poesie und Prosa das entsprechende und notwendige geistige Narkotikum für ein Proletariat, das nur noch seine Existenz und Freiheit retten kann, indem es das tödliche Eisen in die Brust russischer, französischer und englischer Brüder stößt. Jene Hetzblätter sind dann konsequenter als diejenigen, die Berg und Tal zusammenbringen, Krieg mit »Humanität«, Morden mit Bruderliebe, Bewilligung von Mitteln zum Kriege mit sozialistischer Völkerverbrüderung vermählen wollen.

War aber die von der deutschen Reichstagsfraktion am 4. August ausgegebene Parole richtig, dann wäre damit über die Arbeiterinternationale das Urteil nicht nur für diesen Krieg, sondern überhaupt gesprochen. Zum ersten

Male, seit die moderne Arbeiterbewegung besteht, gähnt hier ein Abgrund zwischen den Geboten der internationalen Solidarität der Proletarier und den Interessen der Freiheit und nationalen Existenz der Völker, zum ersten Male stehen wir vor der Entscheidung, daß Unabhängigkeit und Freiheit der Nationen gebieterisch erfordern, daß die Proletarier verschiedener Zungen einander niedermachen und ausrotten. Bisher lebten wir in der Überzeugung, daß Interessen der Nationen und Klasseninteressen der Proletarier sich harmonisch vereinigen, daß sie identisch sind, daß sie unmöglich in Gegensatz zueinander geraten können. Das war die Basis unserer Theorie und Praxis, die Seele unserer Agitation in den Volksmassen. Waren wir in diesem Kardinalpunkt unserer Weltanschauung in einem ungeheuren Irrtum befangen? Wir stehen vor der Lebensfrage des internationalen Sozialismus.

Der Weltkrieg ist nicht die erste Probe aufs Exempel unserer internationalen Grundsätze. Die erste Probe hat unsere Partei vor 45 Jahren bestanden. Damals am 21. Juli 1870 gaben Wilhelm Liebknecht und August Bebel die folgende historische Erklärung im Norddeutschen Reichstag ab:

»Der gegenwärtige Krieg ist ein dynastischer Krieg, unternommen im Interesse der Dynastie Bonaparte, wie der Krieg von 1866 im Interesse der Dynastie Hohenzollern.

Die zur Führung des Krieges dem Reichstag abverlangten Geldmittel können wir nicht bewilligen, weil dies ein Vertrauensvotum für die preußische Regierung wäre, die durch ihr Vorgehen im Jahre 1866 den gegenwärtigen Krieg vorbereitet hat.

Ebensowenig können wir die geforderten Geldmittel verweigern, denn es könnte dies als Billigung der frevelhaften und verbrecherischen Politik Bonapartes aufgefaßt werden.

Als prinzipielle Gegner jedes dynastischen Krieges, als Sozial-Republikaner und Mitglieder der Internationalen

Arbeiterassoziation, die ohne Unterschied der Nationalität alle Unterdrücker bekämpft, alle Unterdrückten zu einem großen Bruderbunde zu vereinigen sucht, können wir uns weder direkt noch indirekt für den gegenwärtigen Krieg erklären und enthalten uns daher der Abstimmung, indem wir die zuversichtliche Hoffnung aussprechen, daß die Völker Europas, durch die jetzigen unheilvollen Ereignisse belehrt, alles aufbieten werden, um sich ihr Selbstbestimmungsrecht zu erobern und die heutige Säbel- und Klassenherrschaft als Ursache aller staatlichen und gesellschaftlichen Übel zu beseitigen.«

Mit dieser Erklärung stellten die Vertreter des deutschen Proletariats dessen Sache klar und unzweideutig unter das Zeichen der Internationale und sprachen dem Kriege gegen Frankreich den Charakter eines nationalen, freiheitlichen Krieges rundweg ab. Es ist bekannt, daß Bebel in seinen Lebenserinnerungen sagt, daß er gegen die Bewilligung der Anleihe gestimmt haben würde, wenn er bei der Abstimmung schon alles gewußt hätte, was erst in den nächsten Jahren bekanntgeworden ist.

In jenem Kriege also, den die gesamte bürgerliche Öffentlichkeit und die ungeheure Mehrheit des Volkes, damals, unter dem Einfluß der Bismarckschen Mache für ein nationales Lebensinteresse Deutschlands hielt, vertraten die Führer der Sozialdemokratie den Standpunkt: die Lebensinteressen der Nation und die Klasseninteressen des internationalen Proletariats sind eins, beide sind gegen den Krieg. Erst der heutige Weltkrieg, erst die Erklärung der sozialdemokratischen Fraktion vom 4. August 1914 deckten zum erstenmal das furchtbare Dilemma auf: hie nationale Freiheit – hie der internationale Sozialismus!

Nun, die fundamentale Tatsache in der Erklärung unserer Reichstagsfraktion, die grundsätzliche Neuorientierung der proletarischen Politik war jedenfalls eine ganz plötzliche Erleuchtung. Sie war einfaches Echo der Version der Thronrede und der Kanzlerrede am 4. August. »Uns treibt nicht Eroberungslust« – hieß es in der Thronrede – , »uns beseelt der unbeugsame Wille, den Platz zu bewahren, auf den Gott uns gestellt hat, für uns und alle kommenden Geschlechter. Aus den Schriftstücken, die Ihnen zugegangen sind, werden Sie ersehen, wie Meine Regierung und vor allem Mein Kanzler bis zum letzten Augenblick bemüht waren, das Äußerste abzuwenden. In aufgedrungener Notwehr, mit reinem Gewissen und reiner Hand ergreifen wir das Schwert.« Und Bethmann Hollweg erklärte: »Meine Herren, wir sind jetzt in der Notwehr, und Not kennt kein Gebot ... Wer so bedroht ist wie wir und um sein Höchstes kämpft, der darf nur daran denken, wie er sich durchhaut ... Wir kämpfen um die Früchte unserer friedlichen Arbeit, um das Erbe einer großen Vergangenheit und um unsere Zukunft.« Das ist genau der Inhalt der sozialdemokratischen Erklärung: 1. wir haben alles getan, um den Frieden zu erhalten, der Krieg ist uns aufgezwungen worden von anderen, 2. nun der Krieg da ist, müssen wir uns verteidigen, 3. in diesem Kriege steht für das deutsche Volk alles auf dem Spiele. Die Erklärung unserer Reichstagsfraktion ist nur eine etwas andere Stilisierung der Regierungserklärungen. Wie diese auf die diplomatischen Friedensbemühungen Bethmann Hollwegs und auf kaiserliche Telegramme, beruft sich die Fraktion auf Friedensdemonstrationen der Sozialdemokraten vor dem Ausbruch des Krieges. Wie die Thronrede jede Eroberungslust weit von sich weist, so lehnt die Fraktion den Eroberungskrieg unter Hinweis auf den Sozialismus ab. Und wenn Kaiser und Kanzler rufen: Wir kämpfen um unser Höchstes! Ich kenne keine Parteien, ich kenne nur noch Deutsche, so antwortet das Echo in der sozialdemokratischen Erklärung: Für unser Volk steht alles auf dem Spiele, wir lassen in der

Stunde der Gefahr das eigene Vaterland nicht im Stich. Nur in einem Punkt weicht die sozialdemokratische Erklärung vom Regierungsschema ab: sie stellt in den Vordergrund der Orientierung den russischen Despotismus als die Gefahr für Deutschlands Freiheit. In der Thronrede hieß es in bezug auf Rußland bedauernd: »Mit schwerem Herzen habe ich meine Armee gegen einen Nachbar mobilisieren müssen, mit dem sie auf so vielen Schlachtfeldern gemeinsam gefochten hat. Mit aufrichtigem Leid sah ich eine von Deutschland treu bewahrte Freundschaft zerbrechen.« Die sozialdemokratische Fraktion hat den schmerzlichen Bruch einer treu bewahrten Freundschaft mit dem russischen Zarismus in eine Fanfare der Freiheit gegen die Despotie umstilisiert, und so in dem einzigen Punkt, wo sie Selbständigkeit gegenüber der Regierungserklärung zeigt, revolutionäre Überlieferungen des Sozialismus gebraucht, um den Krieg demokratisch zu adeln, ihm eine volkstümliche Glorie zu schaffen.

Dies alles leuchtete der Sozialdemokratie, wie gesagt, ganz plötzlich am 4. August ein. Alles, was sie bis zu jenem Tage, was sie am Vorabend des Ausbruchs des Krieges sagte, war das gerade Gegenteil der Fraktionserklärung. So schrieb der »Vorwärts« am 25. Juli, als das österreichische Ultimatum an Serbien, an dem sich der Krieg entzündete, veröffentlicht wurde:

»Sie wollen den Krieg, die gewissenlosen Elemente, die in der Wiener Hofburg Einfluß haben und Ausschlag geben. Sie wollen den Krieg – aus dem wilden Geschrei der schwarzgelben Hetzpresse klang es seit Wochen heraus. Sie wollen den Krieg – das österreichische Ultimatum an Serbien macht es deutlich und aller Welt offenbar …

Weil das Blut Franz Ferdinands und seiner Gattin unter den Schüssen eines irren Fanatikers geflossen ist, soll das Blut Tausender von Arbeitern und Bauern fließen, ein wahnwitziges Verbrechen soll von einem weit wahnwitzigeren Verbrechen übergipfelt werden! ... Das österreichische Ultimatum Serbien kann der Fidibus sein, mit dem Europa an allen vier Ecken in Brand gesteckt wird!

Denn dieses Ultimatum ist in seiner Fassung wie in seinen Forderungen derart unverschämt, daß eine serbische Regierung, die demütig vor dieser Note zurückwiche, mit der Möglichkeit rechnen muß, von den Volksmassen zwischen Diner und Dessert davongejagt zu werden ...

Ein Frevel der chauvinistischen Presse Deutschlands war es, den teuren Bundesgenossen in seinen Kriegsgelüsten auf das äußerste anzustacheln, und sonder Zweifel hat auch Herr v. Bethmann Hollweg Herrn Berchtold seine Rückendeckung zugesagt. Aber in Berlin spielt man dabei ein genau so gefährliches Spiel wie in Wien ...«

Die »Leipziger Volkszeitung« schrieb am 24. Juli:

»Die österreichische Militärpartei ... setzt alles auf eine Karte, weil der nationale und militaristische Chauvinismus in keinem Lande der Welt etwas zu verlieren hat ... In Österreich sind die chauvinistischen Kreise ganz besonders bankrott, ihr nationales Geheul soll ihren wirtschaftlichen Ruin verdecken und der Raub und Mord des Krieges ihre Kassen füllen ...«

Die »Dresdner Volkszeitung« äußerte sich am gleichen Tage:

» ... Vorläufig sind die Kriegstreiber am Wiener Ballplatz noch immer jene schlüssigen Beweise schuldig, die Österreich berechtigen würden, Forderungen an Serbien zu stellen.

Solange die österreichische Regierung dazu nicht in der Lage ist, setzt sie sich mit ihrer provokatorischen, beleidigenden Anrempelung Serbiens vor ganz Europa ins Unrecht, und selbst wenn die serbische Schuld erwiesen würde, wenn unter den Augen der serbischen Regierung das Attentat von Sarajewo vorbereitet worden wäre, gingen die in der Note gestellten Forderungen weit über alle normalen Grenzen hinaus. Nur die frivolsten Kriegsabsichten einer Regierung können ein solches Ansinnen an einen anderen Staat erklärlich machen ...«

Die »Münchener Post« meinte am 25. Juli:

»Diese österreichische Note ist ein Aktenstück, das in der Geschichte der letzten beiden Jahrhunderte nicht seinesgleichen hat. Es stellt auf Grund von Untersuchungsakten, deren Inhalt der europäischen Öffentlichkeit bis jetzt vorenthalten wird, und ohne durch eine öffentliche Gerichtsverhandlung gegen die Mörder des Thronfolgerpaares gedeckt zu sein, Forderungen an Serbien, deren Annahme dem Selbstmord dieses Staates gleichkommt ...«

Die »Schleswig-Holsteinsche Volkszeitung« erklärte am 24. Juli:

»Österreich provoziert Serbien, Österreich-Ungarn will den Krieg, begeht ein Verbrechen, das ganz Europa in Blut ersäufen kann ...

Österreich spielt va banque. Es wagt eine Provokation des serbischen Staates, die sich dieser, wenn er nicht ganz wehrlos sein sollte, sicher nicht gefallen läßt ...

Jeder Kulturmensch hat auf das entschiedenste gegen dieses verbrecherische Benehmen der österreichischen Machtbaber zu protestieren. Sache der Arbeiter vor allem und aller anderen Menschen, die für Frieden und Kultur auch nur das geringste übrig haben, muß es sein, das Äußerste zu versuchen, um die Folgen des in Wien ausgebrochenen Blutwahnsinns zu verhindern.«

Die »Magdeburger Volksstimme« vom 25. Juli sagte:

»Eine jede serbische Regierung, die auch nur entfernt Miene machte, ernsthaft an eine dieser Forderungen heranzutreten, würde in derselben Stunde vom Parlament wie vom Volke hinweggefegt werden.

Das Vorgehen Österreichs ist um so verwerflicher, als die Berchtold mit leeren Behauptungen vor die serbische Regierung und damit vor Europa treten ...

So kann man heute nicht mehr einen Krieg, der ein Weltkrieg würde, anzetteln. So kann man nicht vorgehen, wenn man nicht die Ruhe eines ganzen Weltteils stören will. So kann man keine moralischen Eroberungen machen oder die Unbeteiligten von dem eigenen Recht überzeugen. Es ist deshalb anzunehmen, daß die Presse Europas und danach die Regierungen die eitlen und übergeschnappten Wiener Staatsmänner energisch und unzweideutig zur Ordnung rufen werden.«

Die »Frankfurter Volksstimme« schrieb am 24. Juli:

»Gestützt auf die Treibereien der ultramontanen Presse, die in Franz Ferdinand ihren besten Freund betrauerte und seinen Tod an dem Serbenvolke rächen wollte; gestützt auch auf einen Teil der reichsdeutschen Kriegshetzer, deren Sprache von Tag zu Tag drohender und gemeiner wurde, hat sich die österreichische Regierung dazu verleiten lassen, an das Serbenreich ein Ultimatum zu richten, das nicht nur in einer an Anmaßung nichts zu wünschen übriglassenden Sprache abgefaßt ist, sondern auch einige Forderungen enthält, deren Erfüllung der serbischen Regierung schlechterdings unmöglich ist.«

Die »Elberfelder Freie Presse« schrieb am gleichen Tage:

»Ein Telegramm des offiziösen Wolffschen Büros gibt die österreichischen Forderungen an Serbien wieder. Daraus ist ersichtlich, daß die Machtbaber in Wien mit aller Gewalt zum Kriege drängen, denn was in der gestern abend in Belgrad überreichten Note verlangt wird, ist schon eine Art von Protektorat Österreichs über Serbien. Es wäre dringend vonnöten, daß die Berliner Diplomatie den Wiener Hetzern zu verstehen gäbe, daß Deutschland für die Unterstützung derartiger anmaßender Forderungen keinen Finger rühren kann und daß daher ein Zurückstecken der österreichischen Ansprüche geboten sei.«

Und die »Bergische Arbeiterstimme« in Solingen:

»Österreich will den Konflikt mit Serbien und benutzt das Attentat von Sarajewo nur als Vorwand, um Serbien moralisch ins Unrecht zu setzen. Aber die Sache ist doch zu plump angefangen worden, als daß die Täuschung der öffentlichen Meinung Europas gelingen könnte ...

Wenn aber die Kriegshetzer des Wiener Ballplatzes etwa glauben, daß ihnen bei einem Konflikt, in den auch Rußland hineingezogen würde, die Dreibundsgenossen Italien und Deutschland zu Hilfe kommen müßten, so geben sie sich leeren Illusionen hin. Italien wäre eine Schwächung Österreich-Ungarns, des Konkurrenten in der Adria und auf dem Balkan, sehr gelegen, und es wird sich deshalb nicht die Finger verbrennen, Österreich zu unterstützen. In Deutschland aber dürfen es die Machtbaber – selbst wenn sie so töricht wären, es zu wollen – nicht wagen, das Leben eines einzigen Soldaten für die verbrecherische Machtpolitik der Habsburger aufs Spiel zu setzen, ohne den Volkszorn gegen sich heraufzubeschwören.«

So beurteilte unsere gesamte Parteipresse ohne Ausnahme den Krieg noch eine Woche vor seinem Ausbruch. Danach handelte es sich nicht um die Existenz und um die Freiheit Deutschlands, sondern um ein frevelhaftes Abenteuer der österreichischen Kriegspartei, nicht um Notwehr, nationale Verteidigung und aufgedrungenen heiligen Krieg im Namen der eigenen Freiheit, sondern um frivole Provokation, um unverschämte Bedrohung fremder, serbischer Selbständigkeit und Freiheit.

Was geschah am 4. August, um diese so scharf ausgeprägte, so allgemein verbreitete Auffassung der Sozialdemokratie plötzlich auf den Kopf zu stellen? Nur eine neue Tatsache trat hinzu: das am gleichen Tage von der deutschen Regierung dem Reichstag vorgelegte Weißbuch. Und dieses enthielt auf S. 4:

»Unter diesen Umständen mußte Österreich sich sagen, daß es weder mit der Würde noch mit der Selbsterhaltung der Monarchie vereinbar wäre, dem Treiben jenseits der Grenze noch länger tatenlos zuzusehen. Die K. u. K. Regierung benachrichtigte uns von dieser Auffassung und erbat unsere Ansicht. Aus vollem Herzen konnten wir unserem Bundesgenossen unser Einverständnis mit seiner Einschätzung der Sachlage geben und ihm versichern, daß eine Aktion, die er für notwendig hielte, um der gegen den Bestand der Monarchie gerichteten Bewegung in Serbien ein Ende zu machen, unsere Billigung finden würde. Wir waren uns hierbei wohl bewußt, daß ein etwaiges kriegerisches Vorgehen Österreich-Ungarns gegen Serbien Rußland auf den Plan bringen und uns hiermit unserer Bundespflicht entsprechend in einen Krieg verwickeln könnte. Wir konnten aber in der Erkenntnis der vitalen Interessen Österreich-Ungarns, die auf dem Spiele standen, unserem Bundesgenossen weder zu einer mit seiner Würde nicht zu vereinbarenden Nachgiebigkeit raten, noch auch ihm unseren Beistand in diesem schweren Moment versagen. Wir konnten dies um so weniger, als auch unsere Interessen durch die andauernde serbische Wühlarbeit auf das empfindlichste bedroht waren. Wenn es den Serben mit Rußlands und Frankreichs Hilfe noch länger gestattet geblieben wäre, den Bestand der Nachbarmonarchie zu gefährden, so würde dies den allmählichen Zusammenbruch Österreichs und eine Unterwerfung des gesamten Slawentums unter russisches Zepter zur Folge haben, wodurch die Stellung der germanischen Rasse in Mitteleuropa unhaltbar würde. Ein moralisch geschwächtes, durch das Vordringen des russischen Panslawismus zusammenbrechendes Österreich wäre für uns kein Bundesgenosse mehr, mit dem wir rechnen könnten und auf den wir uns verlassen könnten, wie wir es angesichts der immer drohender werdenden Haltung unserer östlichen und westlichen Nachbarn müssen. Wir ließen daher Österreich völlig freie Hand in seiner Aktion gegen Serbien. Wir haben an den Vorbereitungen dazu nicht teilgenommen.«

Diese Worte lagen der sozialdemokratischen Reichstagsfraktion am 4. August vor, Worte, die die einzig wichtige ausschlaggebende Stelle des ganzen Weißbuchs ausmachen, bündige Erklärungen der deutschen Regierung, neben denen alle übrigen Gelb-, Grau-, Blau- und Orangebücher für die Aufklärung der diplomatischen Vorgeschichte des Krieges und ihrer nächsten treibenden Kräfte völlig belanglos und gleichgültig sind. Hier hatte die Reichstagsfraktion den Schlüssel zur Beurteilung der Situation in der Hand. Die gesamte sozialdemokratische Presse schrie eine Woche vorher, daß das österreichische Ultimatum eine verbrecherische Provokation des Weltkrieges wäre, und hoffte auf die hemmende, mäßigende Einwirkung der deutschen Regierung auf die Wiener Kriegshetzer. Die gesamte Sozialdemokratie und die gesamte deutsche Öffentlichkeit war überzeugt, daß die deutsche Regierung seit dem österreichischen Ultimatum im Schweiße ihres Angesichts für die Erhaltung des europäischen Friedens arbeitete. Die gesamte sozialdemokratische Presse nahm an, daß dieses Ultimatum für die deutsche Regierung genau so ein Blitz aus heiterem Himmel war, wie für die deutsche Öffentlichkeit. Das Weißbuch erklärte nun klipp und klar: 1. daß die österreichische Regierung vor ihrem Schritt gegen Serbien Deutschlands Einwilligung eingeholt hatte; 2. daß die deutsche Regierung sich vollkommen bewußt war, daß das Vorgehen Österreichs zum Kriege mit Serbien und im weiteren Verfolg zum europäischen Kriege führen würde; 3. daß die deutsche Regierung Österreich nicht zur Nachgiebigkeit riet, sondern umgekehrt erklärte, daß ein nachgiebiges, geschwächtes Österreich kein würdiger Bundesgenosse mehr für Deutschland sein könnte; 4. daß die deutsche Regierung Österreich vor dessen Vorgehen gegen Serbien auf alle Fälle den Beistand im Kriege fest zugesichert hatte, und endlich 5. daß die deutsche Regierung sich bei alledem die Kontrolle über das entscheidende Ultimatum Österreichs an Serbien, an dem der Weltkrieg hing, nicht vorbehalten, sondern Österreich »völlig freie Hand gelassen hatte«.

Dies alles erfuhr unsere Reichstagsfraktion am 4. August. Und noch eine neue Tatsache erfuhr sie aus dem Munde der Regierung am gleichen Tage: daß die deutschen Heere bereits in Belgien einmarschiert waren. Aus alledem schloß die sozialdemokratische Fraktion, daß es sich um einen Verteidigungskrieg Deutschlands gegen eine fremde Invasion, um die Existenz des Vaterlandes, um Kultur und einen Freiheitskrieg gegen den russischen Despotismus handle.

Konnte der deutsche Hintergrund des Krieges und die ihn notdürftig verdeckende Kulisse, konnte das ganze diplomatische Spiel, das den Kriegsausbruch umrankte, das Geschrei von der Welt von Feinden, die alle Deutschland nach dem Leben trachten, es schwächen, erniedrigen, unterjochen wollen, konnte das alles für die deutsche Sozialdemokratie eine Überraschung sein, an ihr Urteilsvermögen, an ihren kritischen Scharfsinn zu hohe Anforderungen stellen? Gerade für unsere Partei am allerwenigsten! Zwei große deutsche Kriege hatte sie bereits erlebt und aus beiden denkwürdige Lehren schöpfen können.

Jeder Abc-Schütze der Geschichte weiß heute, daß der erste Krieg von 1866 gegen Österreich von Bismarck planmäßig von langer Hand vorbereitet war, daß seine Politik von der ersten Stunde an zum Bruch, zum Krieg mit Österreich führte. Der Kronprinz und nachmalige Kaiser Friedrich selbst hat in seinem Tagebuch unter dem 14. November jenes Jahres diese Absicht des Kanzlers niedergeschrieben:

»Er (Bismarck) habe bei Übernahme seines Amtes den festen Vorsatz gehabt, Preußen zum Krieg mit Österreich zu bringen, aber sich wohl gehütet, damals oder überhaupt zu früh mit Seiner Majestät davon zu sprechen, bis er den Zeitpunkt für geeignet angesehen.«

»Mit dem Bekenntnis« – sagt Auer in seiner Broschüre »Die Sedanfeier und die Sozialdemokratie« – »vergleiche man nun den Wortlaut des Aufrufs, den König Wilhelm ‚an sein Volk' richtete:

Das Vaterland ist in Gefahr!

Österreich und ein großer Teil Deutschlands steht gegen dasselbe in Waffen!

Nur wenige Jahre sind es her, seit ich aus freiem Entschlusse und ohne früherer Unbill zu gedenken, dem Kaiser von Österreich die Bundeshand reichte, als es galt, ein deutsches Land von fremder Herrschaft zu befreien. – – Aber Meine Hoffnung ist getäuscht worden. Österreich will nicht vergessen, daß seine Fürsten einst Deutschland beherrschten: in dem jüngeren, aber kräftig sich entwickelnden Preußen will es keinen natürlichen Bundesgenossen, sondern nur einen feindlichen Nebenbuhler erkennen. Preußen – so meint es – muß in allen seinen Bestrebungen bekämpft werden, weil, was Preußen frommt, Österreich schade. Die alte unselige Eifersucht ist in hellen Flammen wieder aufgelodert: Preußen soll geschwächt, vernichtet, entehrt werden. Ihm gegenüber gelten keine Verträge mehr, gegen Preußen werden deutsche Bundesfürsten nicht bloß aufgerufen, sondern zum Bundesbruch verleitet. Wohin wir in Deutschland schauen, sind wir von Feinden umgeben, deren Kampfgeschrei ist: Erniedrigung Preußens.

Um für diesen gerechten Krieg den Segen des Himmels zu erflehen, erließ König Wilhelm für den 18. Juni die Anordnung eines allgemeinen Landes-Bet- und Bußtages, worin er sagte: ‚Es hat Gott nicht gefallen, Meine Bemühungen, die Segnungen des Friedens Meinem Volke zu erhalten, mit Erfolg zu krönen.'«

Mußte unserer Fraktion, wenn sie ihre eigene Parteigeschichte nicht gänzlich vergessen hatte, die offizielle Begleitmusik des Kriegsausbruchs am 4. August nicht wie eine lebhafte Erinnerung an längst bekannte Melodien und Worte vorkommen?

Aber nicht genug. Im Jahre 1870 folgte der Krieg mit Frankreich, und mit dessen Ausbruch ist in der Geschichte ein Dokument unauflöslich verknüpft: die Emser Depesche, ein Dokument, das für alle bürgerliche Staatskunst im Kriegmachen ein klassisches Erkennungswort geworden ist und das auch eine denkwürdige Episode in der Geschichte unserer Partei bezeichnet. Es war ja der alte Liebknecht, es war die deutsche Sozialdemokratie, die damals für ihre Aufgabe und ihre Pflicht hielt, aufzudecken und den Volksmassen zu zeigen: »Wie Kriege gemacht werden.«

Das »Kriegmachen« einzig und allein zur Verteidigung des bedrohten Vaterlandes war übrigens nicht Bismarcks Erfindung. Er befolgte nur mit der ihm eigenen Skrupellosigkeit ein altes, allgemeines, wahrhaft internationales Rezept der bürgerlichen Staatskunst. Wann und wo hat es denn einen Krieg gegeben, seit die sogenannte öffentliche Meinung bei den Rechnungen der Regierungen eine Rolle spielt, in dem nicht jede kriegführende Partei einzig und allein zur Verteidigung des Vaterlandes und der eigenen gerechten Sache vor dem schnöden Überfall des Gegners schweren Herzens das Schwert aus der Scheide zog? Die Legende gehört so gut zum Kriegführen wie Pulver und Blei. Das Spiel ist alt. Neu ist nur, daß eine sozialdemokratische Partei an diesem Spiel teilgenommen hat.

III.

Das Aufkommen des Imperialismus

Allein noch tiefere Zusammenhänge und gründlichere Einsichten bereiteten unsere Partei darauf vor, das wahre Wesen, die wirklichen Ziele dieses Krieges zu durchschauen und sich von ihm in keiner Hinsicht überraschen zu lassen. Die Vorgänge und Triebkräfte, die zum 4. August 1914 führten, waren keine Geheimnisse. Der Weltkrieg wurde seit Jahrzehnten vorbereitet, in breitester Öffentlichkeit, im hellichten Tage, Schritt für Schritt und Stunde um Stunde. Und wenn heute verschiedene Sozialisten der »Geheimdiplomatie«, die diese Teufelei hinter den Kulissen zusammengebraut hätte, grimmig die Vernichtung ansagen, so schreiben sie den armen Schelmen unverdient geheime Zauberkraft zu, wie der Botokude, der seinen Fetisch für den Ausbruch des Gewitters peitscht. Die sogenannten Lenker der Staatsgeschicke waren diesmal, wie stets, nur Schachfiguren, von übermächtigen historischen Vorgängen und Verlagerungen in der Erdrinde der bürgerlichen Gesellschaft geschoben. Und wenn jemand diese Vorgänge und Verlagerungen die ganze Zeit über mit klarem Auge zu erfassen bestrebt und fähig war, so war es die deutsche Sozialdemokratie.

Zwei Linien der Entwicklung in der jüngsten Geschichte führen schnurgerade zu dem heutigen Kriege. Eine leitet noch von der Periode der Konstituierung der sogenannten Nationalstaaten, das heißt der modernen kapitalistischen Staaten, vom Bismarckschen Kriege gegen Frankreich her. Der Krieg von 1870, der durch die Annexion Elsaß-Lothringens die französische Republik in die Arme Rußlands geworfen, die Spaltung Europas in zwei feindliche Lager und die Ära des wahnwitzigen Wettrüstens eröffnet hat, schleppte den ersten Zündstoff zum heutigen Weltbrande herbei. Noch während Bismarcks Truppen in Frankreich standen, schrieb Marx an den Braunschweiger Ausschuß:

»Wer nicht ganz vom Geschrei des Augenblicks übertäubt ist, oder ein Interesse hat, das deutsche Volk zu übertäuben, muß einsehen, daß der Krieg von 1870 ganz so notwendig einen Krieg zwischen Deutschland und Rußland im Schoße trägt, wie der Krieg von 1866 den Krieg von 1870. Ich sage notwendig, unvermeidlich, außer im unwahrscheinlichen Falle eines vorherigen Ausbruchs einer Revolution in Rußland. Tritt dieser unwahrscheinliche Fall nicht ein, so muß der Krieg zwischen Deutschland und Rußland schon jetzt als un fait accompli [eine vollendete Tatsache] behandelt werden. Es hängt ganz vom jetzigen Verhalten der deutschen Sieger ab, ob dieser Krieg nützlich oder schädlich. Nehmen sie Elsaß und Lothringen, so wird Frankreich mit Rußland Deutschland bekriegen. Es ist überflüssig, die unheilvollen Folgen zu deuten.«

Diese Prophezeiung wurde damals verlacht; man hielt das Band, das Preußen mit Rußland verknüpfte, für so stark, daß es als Wahnsinn galt, auch nur daran zu denken, das autokratische Rußland könnte sich mit dem republikanischen Frankreich verbünden. Die Vertreter dieser Auffassung wurden als reine Tollhäusler hingestellt. Und doch ist alles, was Marx vorausgesagt hat, bis zum letzten Buchstaben eingetroffen. »Das ist eben« – sagt Auer in seiner »Sedanfeier« – »sozialdemokratische Politik, die klar sieht, was ist, und sich darin von jener Alltagspolitik unterscheidet, welche blind vor jedem Erfolg sich auf den Bauch wirft.«

Allerdings darf der Zusammenhang nicht in der Weise aufgefaßt werden, als ob die seit 1870 fällige Vergeltung für den Bismarckschen Raub nunmehr Frankreich wie ein unabwendbares Schicksal zur Kraftprobe mit dem Deutschen Reich getrieben hätte, als ob der heutige Weltkrieg in seinem Kern die viel verschriene »Revanche« für Elsaß-Lothringen wäre. Dies die bequeme nationalistische Legende der deutschen Kriegshetzer, die von dem finsteren rachebrütenden Frankreich fabeln, das seine Niederlage »nicht vergessen konnte«, wie die Bismarckschen Preßtrabanten im Jahre 1866 von der entthronten Prinzessin Österreich fabelten, die ihren ehemaligen Vorrang vor dem reizenden Aschenbrödel Preußen »nicht vergessen konnte«. In Wirklichkeit war die Rache für Elsaß-Lothringen nur noch theatralisches Requisit einiger patriotischer Hanswürste, der »Lion de Belfort« ein altes Wappentier geworden.

In der Politik Frankreichs war die Annexion längst überwunden, von neuen Sorgen überholt, und weder die Regierung noch irgendeine ernste Partei in Frankreich dachte an einen Krieg mit Deutschland wegen der Reichslande. Wenn das Bismarcksche Vermächtnis der erste Schritt zu dem heutigen Weltbrand wurde, so vielmehr in dem Sinne, daß es einerseits Deutschland wie Frankreich und damit ganz Europa auf die abschüssige Bahn des militärischen Wettrüstens gestoßen, andererseits das Bündnis Frankreichs mit Rußland und Deutschlands mit Österreich als unabwendbare Konsequenz herbeigeführt hat. Damit war dort eine außerordentliche Stärkung des russischen Zarismus als Machtfaktor der europäischen Politik gegeben – begann doch gerade seitdem das systematische Wettkriechen zwischen Preußen-Deutschland und der französischen Republik um die Gunst Rußlands – , hier war die politische Zusammenkoppelung des Deutschen Reichs mit Österreich-Ungarn bewirkt; dessen Krönung, wie die angeführten Worte des deutschen Weißbuchs zeigen, die »Waffenbrüderschaft« im heutigen Krieg ist.

So hat der Krieg von 1870 in seinem Gefolge die äußere politische Gruppierung Europas um die Achse des deutsch-französischen Gegensatzes wie die formale Herrschaft des Militarismus im Leben der europäischen Völker eingeleitet. Diese Herrschaft und jene Gruppierung hat die geschichtliche Entwicklung aber seitdem mit einem ganz neuen Inhalt gefüllt. Die zweite Linie, die im heutigen Weltkrieg mündet und die Marxens Prophezeiung so glänzend bestätigt, rührt von Vorgängen internationaler Natur her, die Marx nicht mehr erlebt hat: von der imperialistischen Entwicklung der letzten 25 Jahre.

Der kapitalistische Aufschwung, der nach der Kriegsperiode der sechziger und siebziger Jahre in dem neukonstituierten Europa Platz gegriffen und der namentlich nach Überwindung der langen Depression, die dem Gründerfieber und dem Krach des Jahres 1873 gefolgt war, in der Hochkonjunktur der neunziger Jahre einen nie dagewesenen Höhepunkt erreicht hatte, eröffnete bekanntlich eine neue Sturm- und Drangperiode der europäischen Staaten: ihre Expansion um die Wette nach den nichtkapitalistischen Ländern und Zonen der Welt. Schon seit den achtziger Jahren macht sich ein neuer besonders energischer Drang nach Kolonialeroberungen geltend. England bemächtigt sich Ägyptens und schafft sich in Südafrika ein gewaltiges Kolonialreich, Frankreich besetzt Tunis in Nordafrika und Tonkin in Ostasien, Italien faßt Fuß in Abessinien, Rußland bringt in Zentralasien seine Eroberungen zum Abschluß und dringt in der Mandschurei vor, Deutschland erwirbt in Afrika und der Südsee die ersten Kolonien, endlich treten auch die Vereinigten Staaten in den Reigen und erwerben mit den Philippinen »Interessen« in Ostasien. Diese

Periode der fieberhaften Zerpflückung Afrikas und Asiens, die, von dem chinesisch-japanischen Krieg im Jahre 1895 an, fast eine ununterbrochene Kette blutiger Kriege entfesselte, gipfelt in dem großen Chinafeldzug und schließt mit dem russisch-japanischen Kriege des Jahres 1904 ab.

Alle diese Schlag auf Schlag erfolgten Vorgange schufen neue außereuropäische Gegensätze nach allen Seiten: zwischen Italien und Frankreich in Nordafrika, zwischen Frankreich und England in Ägypten, zwischen England und Rußland in Zentralasien, zwischen Rußland und Japan in Ostasien, zwischen Japan und England in China, zwischen den Vereinigten Staaten und Japan im Stillen Ozean – ein bewegliches Meer, ein Hin- und Herwogen von scharfen Gegensätzen und vorübergehenden Allianzen, von Spannungen und Entspannungen, bei denen alle paar Jahre ein partieller Krieg zwischen den europäischen Mächten auszubrechen drohte, aber immer wieder hinausgeschoben wurde. Es war daraus für jedermann klar: 1. daß der heimliche, im stillen arbeitende Krieg aller kapitalistischen Staaten gegen alle auf dem Rücken asiatischer und afrikanischer Völker früher oder später zu einer Generalabrechnung führen, daß der in Afrika und Asien gesäte Wind einmal nach Europa als fürchterlicher Sturm zurückschlagen mußte, um so mehr, als der ständige Niederschlag der asiatischen und afrikanischen Vorgänge die steigenden Rüstungen in Europa waren, 2. daß der europäische Weltkrieg zur Entladung kommen würde, sobald die partiellen und abwechselnden Gegensätze zwischen den imperialistischen Staaten eine Zentralisationsachse, einen überwiegenden starken Gegensatz finden würden, um den sie sich zeitweilig gruppieren können. Diese Lage wurde geschaffen mit dem Auftreten des deutschen Imperialismus.

In Deutschland kann das Aufkommen des Imperialismus, das auf die kürzeste Zeitspanne zusammengedrängt ist, in Reinkultur beobachtet werden. Der beispiellose Aufschwung der Großindustrie und des Handels seit der Reichsgründung hat hier in den achtziger Jahren zwei charakteristische eigenartige Formen der Kapitalakkumulation hervorgebracht: die stärkste Kartellentwicklung Europas und die größte Ausbildung sowie Konzentration des Bankwesens in der ganzen Welt. Jene hat die Schwerindustrie, das heißt gerade den an Staatslieferungen, an militärischen Rüstungen wie an imperialistischen Unternehmungen (Eisenbahnbau, Ausbeutung von Erzlagern usw.) unmittelbar interessierten Kapitalzweig zum einflußreichsten Faktor im Staate organisiert. Dieses hat das Finanzkapital zu einer geschlossenen Macht von größter, stets gespannter Energie zusammengepreßt, zu einer Macht, die gebieterisch schaltend und waltend in Industrie, Handel und Kredit des Landes, gleich ausschlaggebend in Privat- wie in Staatswirtschaft, schrankenlos und sprunghaft ausdehnungsfähig, immer nach Profit und Betätigung hungernd, unpersönlich, daher großzügig, wagemutig und rücksichtslos, international von Hause aus, ihrer ganzen Anlage nach auf die Weltbühne als den Schauplatz ihrer Taten zugeschnitten war.

Fügt man hierzu das stärkste, in seinen politischen Initiativen sprunghafteste persönliche Regiment und den schwächsten, jeder Opposition unfähigen Parlamentarismus, dazu alle bürgerlichen Schichten im schroffen Gegensatz zur Arbeiterklasse zusammengeschlossen und hinter der Regierung verschanzt, so konnte man voraussehen, daß dieser junge, kraftstrotzende, von keinerlei Hemmungen beschwerte Imperialismus, der auf die Weltbühne mit ungeheuren Appetiten trat, als die Welt bereits so gut wie verteilt war, sehr rasch zum unberechenbaren Faktor der allgemeinen Beunruhigung werden mußte.

Dies kündigte sich bereits durch den radikalen Umschwung in der militärischen Politik des Reiches Ende der neunziger Jahre an, mit den beiden einander überstürzenden Flottenvorlagen der Jahre 1898 und 1899, die in beispielloser Weise auf plötzliche Verdoppelung der Schlachtflotte, einen gewaltigen, nahezu auf zwei Jahrzehnte berechneten Bauplan der Seerüstungen bedeuteten. Dies war nicht bloß eine weitgreifende Umgestaltung der Finanzpolitik und der Handelspolitik des Reiches – der Zolltarif des Jahres 1902 war nur der Schatten, der den beiden Flottenvorlagen folgte – in weiterer logischer Konsequenz der Sozialpolitik und der ganzen inneren Klassen- und Parteiverhältnisse. Die Flottenvorlagen bedeuteten vor allem einen demonstrativen Wechsel im Kurs der auswärtigen Politik des Reiches, wie sie seit der Reichsgründung maßgebend war. Während die Bismarcksche Politik auf dem Grundsatz basierte, daß das Reich eine Landmacht sei und bleiben müsse, die deutsche Flotte aber höchstens als überflüssiges Requisit der Küstenverteidigung gedacht war – erklärte doch der Staatssekretär Hollmann selbst im März 1897 in der Budgetkommission des Reichstags: »Für den Küstenschutz brauchen wir gar keine Marine; die Küsten schützen sich von selbst«-, wurde jetzt ein ganz neues Programm aufgestellt: Deutschland sollte zu Lande und zur See die erste Macht werden. Damit war die Wendung von der Bismarckschen kontinentalen Politik zur Weltpolitik, von der Verteidigung zum Angriff als Ziel der Rüstungen gegeben. Die Sprache der Tatsachen war so klar, daß im Deutschen Reichstag selbst der nötige Kommentar geliefert wurde. Der damalige Führer des Zentrums, Lieber, sprach schon am 11. März 1896, nach der bekannten Rede des Kaisers beim fünfundzwanzigsten Jubiläum des Deutschen Reiches, die als Vorbote der Flottenvorlagen das neue Programm entwickelt hatte, von uferlosen Flottenplänen«, gegen die man sich entschieden verwahren müsse. Ein anderer Zentrumsführer, Schädler, rief im Reichstag am 23. März 1898 bei der ersten Flottenvorlage: »Das Volk hat die Anschauung, wir können nicht die erste Macht zu Lande und die erste Macht zur See sein. Wenn mir soeben zugerufen wird, das wollen wir gar nicht – ja, meine Herren, Sie sind am Anfange davon; und zwar an einem sehr dicken Anfang.« Und als die zweite Vorlage kam, erklärte derselbe Schädler im Reichstag am 8. Februar 1900, nachdem er auf all die früheren Erklärungen, daß man an keine neue Flottenvorlage denke, hingewiesen hatte: »Und heute diese Novelle, die nichts mehr und nichts weniger inauguriert, als die Schaffung der Weltflotte, als Unterlage der Weltpolitik, durch Verdoppelung unserer Flotte unter Bindung auf fast zwei Jahrzehnte hinaus.« Übrigens sprach die Regierung selbst das politische Programm des neuen Kurses offen aus: am 11. Dezember 1899 sagte von Bülow, damals Staatssekretär des Auswärtigen Amtes, bei der Begründung der zweiten Flottenvorlage: Wenn die Engländer von einem greater Britain [größeren Britannien], wenn die Franzosen von einer nouvelle France [neuen Frankreich] reden, wenn die Russen sich Asien erschließen, haben auch wir Anspruch auf ein größeres Deutschland ... Wenn wir uns nicht eine Flotte schaffen, die ausreicht, unseren Handel und unsere Landsleute in der Fremde, unsere Missionen und die Sicherheit unserer Küsten zu schützen, so gefährden wir die vitalsten Interessen des Landes ... In dem kommenden Jahrhundert wird das deutsche Volk Hammer oder Amboß sein.« Streifte man die Redefloskeln von dem Küstenschutz, den Missionen und dem Handel ab, so bleibt das lapidare Programm: Größeres Deutschland, Politik des Hammers für andere Völker.

Gegen wen sich diese Provokationen in erster Linie richteten, war allen klar: die neue aggressive Flottenpolitik sollte Deutschland zum Konkurrenten der ersten Seemacht, Englands, machen. Und sie ist auch nicht anders in

England verstanden worden. Die Flottenreform und die Programmreden, die sie begleiteten, riefen in England die größte Beunruhigung hervor, die seitdem nicht nachgelassen hat. Im März 1910 sagte im englischen Unterhause Lord Robert Cecil bei der Flottendebatte wieder: er fordere jedermann heraus, irgendeinen denkbaren Grund dafür anzugeben, daß Deutschland eine riesige Flotte baue, es sei denn, daß damit beabsichtigt werde, einen Kampf mit England aufzunehmen. Der Wettkampf zur See, der auf beiden Seiten seit anderthalb Jahrzehnten dauerte, zuletzt der fieberhafte Bau von Dreadnoughts und Überdreadnoughts, das war bereits der Krieg zwischen Deutschland und England. Die Flottenvorlage vom 11. Dezember 1899 war eine Kriegserklärung Deutschlands, die England am 4. August 1914 quittierte.

Wohlgemerkt hatte dieser Kampf zur See nicht das geringste gemein mit einem wirtschaftlichen Konkurrenzkampf um den Weltmarkt. »Das englische Monopol« auf dem Weltmarkt, das angeblich die kapitalistische Entwicklung Deutschlands einschnürte und von dem heute so viel gefaselt wird, gehört in das Reich der patriotischen Kriegslegenden, die auch auf die immergrimmige französische »Revanche« nicht verzichten können. Jenes »Monopol« war schon seit den achtziger Jahren zum Schmerz englischer Kapitalisten ein Märchen aus alten Zeiten geworden. Die industrielle Entwicklung Frankreichs, Belgiens, Italiens, Rußlands, Indiens, Japans, vor allem aber Deutschlands und der Vereinigten Staaten hatte jenem Monopol aus der ersten Hälfte des 19. Jahrhunderts und bis in die sechziger Jahre ein Ende bereitet. Neben England trat in den letzten Jahrzehnten ein Land nach dem anderen auf den Weltmarkt, der Kapitalismus entwickelte sich naturgemäß und mit Sturmschritt zur kapitalistischen Weltwirtschaft.

Die englische Seeherrschaft aber, die heute sogar manchen deutschen Sozialdemokraten den ruhigen Schlaf raubt und deren Zertrümmerung nach diesen Braven für das Wohlergehen des internationalen Sozialismus dringend notwendig erscheint, diese Seeherrschaft – eine Folge der Ausdehnung des britischen Reichs auf fünf Weltteile- störte den deutschen Kapitalismus bisher so wenig, daß dieser vielmehr unter ihrem »Joch« mit unheimlicher Schnelligkeit zu einem ganz robusten Burschen mit drallen Backen aufgewachsen ist. Ja, gerade England selbst und seine Kolonien sind der wichtigste Eckstein des deutschen großindustriellen Aufschwungs, wie auch umgekehrt Deutschland für das britische Reich der wichtigste und unentbehrliche Abnehmer geworden ist. Weit entfernt, einander im Wege zu stehen, sind die britische und die deutsche großkapitalistische Entwicklung aufs höchste aufeinander angewiesen und in einer weitgehenden Arbeitsteilung aneinander gekettet, was namentlich durch den englischen Freihandel in weitestem Maße begünstigt wird. Der deutsche Warenhandel und dessen Interessen auf dem Weltmarkt hatten also mit dem Frontwechsel in der deutschen Politik und mit dem Flottenbau gar nichts zu tun.

Ebensowenig führte der bisherige deutsche Kolonialbesitz an sich zu einem gefährlichen Weltgegensatz und zur Seekonkurrenz mit England. Die deutschen Kolonien bedurften keiner ersten Seemacht zu ihrem Schutze, weil sie bei ihrer Beschaffenheit kaum jemand, England am wenigsten, dem Deutschen Reich neidete. Daß sie jetzt im Kriege von England und Japan weggenommen worden sind, daß der Raub den Besitzer wechselt, ist eine übliche Maßnahme und Wirkung des Krieges, so gut wie jetzt der Appetit der deutschen Imperialisten ungestüm nach Belgien schreit, ohne daß vorher, im Frieden, ein Mensch, der nicht ins Irrenhaus gesperrt werden wollte, den Plan hätte entwickeln dürfen, Belgien zu schlucken. Um Südost- und Südwestafrika, um das Wilhelmsland oder um Tsingtau wäre es nie zu einem Krieg zu Lande oder zur See zwischen Deutschland und England gekommen, war doch knapp vor dem Ausbruch des heutigen Krieges zwischen Deutschland und England sogar ein Abkommen fix und fertig, das eine gütliche Verteilung der portugiesischen Kolonien in Afrika zwischen den beiden Mächten einleiten sollte.

Die Entfaltung der Seemacht und des weltpolitischen Paniers auf deutscher Seite kündigte also neue und großartige Streifzüge des deutschen Imperialismus in der Welt an. Es wurde mit der erstklassigen aggressiven Flotte und mit den parallel zu ihrem Ausbau einander überstürzenden Heeresvergrößerungen erst ein Apparat für künftige Politik geschaffen, deren Richtung und Ziele unberechenbaren Möglichkeiten Tür und Tor öffneten. Der Flottenbau und die Rüstungen wurden an sich zum grandiosen Geschäft der deutschen Großindustrie, sie eröffneten zugleich unbegrenzte Perspektiven für die weitere Operationslust des Kartell- und Bankkapitals in der weiten Welt. Damit war das Einschwenken sämtlicher bürgerlicher Parteien unter die Fahne des Imperialismus gesichert. Dem Beispiel der Nationalliberalen als des Kerntrupps der imperialistischen Schwerindustrie folgte das Zentrum, das gerade mit der Annahme der von ihm so laut denunzierten weltpolitischen Flottenvorlage im Jahre 1900 definitiv zur Regierungspartei wurde; dem Zentrum trabte bei dem Nachzügler des Flottengesetzes- dem Hungerzolltarif – der Freisinn nach; die Kolonne schloß das Junkertum, das sich aus einem trutzigen Gegner der »gräßlichen Flotte« und des Kanalbaus zum eifrigen Krippenreiter und Parasiten des Wassermilitarismus, des Kolonialraubs und der mit ihnen verbundenen Zollpolitik bekehrt hatte. Die Reichstagswahlen von 1907, die sogenannten Hottentottenwahlen, enthüllten das ganze bürgerliche Deutschland in einem Paroxismus der imperialistischen Begeisterung unter einer Fahne fest zusammengeschlossen, das Deutschland von Bülows, das sich berufen fühlt, als Hammer der Welt aufzutreten. Und auch diese Wahlen- mit ihrer geistigen Pogromatmosphäre – ein Vorspiel zu dem Deutschland des 4. August – waren eine Herausforderung nicht bloß an die deutsche Arbeiterklasse, sondern an die übrigen kapitalistischen Staaten, eine gegen niemand im besonderen, aber gegen alle insgesamt ausgestreckte geballte Faust.

IV.

Die Türkei

Das wichtigste Operationsfeld des deutschen Imperialismus wurde die Türkei, sein Schrittmacher hier die Deutsche Bank und ihre Riesengeschäfte in Asien, die im Mittelpunkt der deutschen Orientpolitik stehen. In den fünfziger und sechziger Jahren wirtschaftete in der asiatischen Turkei hauptsächlich englisches Kapital, das die Eisenbahnen von Smyrna aus baute und auch die erste Strecke der anatolischen Bahn bis Esmid gepachtet hatte. 1888 tritt das deutsche Kapital auf den Plan und bekommt von Abdul Hamid zum Betrieb die von den Engländern erbaute Strecke und zum Bau die neue Strecke von Esmid bis Angora mit Zweiglinien nach Skutari, Brussa, Konia und Kaizarile. 1899 erlangte die Deutsche Bank die Konzession zum Bau und Betrieb eines Hafens nebst Anlagen in Haidar Pascha und die alleinige Herrschaft über Handel und Zollwesen im Hafen. 1901 übergab die türkische Regierung der Deutschen Bank die Konzession für die große Bagdadbahn zum Persischen Golf, 1907 für die Trockenlegung des Sees von Karaviran und die Bewässerung der Koma-Ebene.

Die Kehrseite dieser großartigen »friedlichen Kulturwerke« ist der »friedliche« und großartige Ruin des kleinasiatischen Bauerntums. Die Kosten der gewaltigen Unternehmungen werden natürlich durch ein weitverzweigtes System der öffentlichen Schuld von der Deutschen Bank vorgestreckt, der türkische Staat wurde in alle Ewigkeit zum Schuldner der Herren Siemens, Gwinner, Helfferich usw., wie er es schon früher beim englischen, französischen und österreichischen Kapital war. Dieser Schuldner mußte nunmehr nicht bloß ständig enorme Summen aus dem Staate herauspumpen, um die Anleihen zu verzinsen, sondern mußte für die Bruttogewinne der auf diese Weise errichteten Eisenbahnen Garantie leisten. Die modernsten Verkehrsmittel und Anlagen werden hier auf ganz rückständige, noch zum großen Teil naturalwirtschaftliche Zustände, auf die primitivste Bauernwirtschaft aufgepfropft. Aus dem dürren Boden dieser Wirtschaft, die, von der orientalischen Despotie seit Jahrhunderten skrupellos ausgesogen, kaum einige Halme zur eigenen Ernährung des Bauerntums über die Staatsabgaben hinaus produziert, können der nötige Verkehr und die Profite für die Eisenbahnen natürlich nicht herauskommen. Der Warenhandel und der Personenverkehr sind, der wirtschaftlichen und kulturellen Beschaffenheit des Landes entsprechend, sehr unentwickelt und können nur langsam steigen. Das zur Bildung des erforderlichen kapitalistischen Profits Fehlende wird nun in Form der sogenannten »Kilometergarantie« vom türkischen Staate den Eisenbahngesellschaften jährlich zugeschossen. Dies ist das System, nach dem die Bahnen in der europäischen Türkei vom österreichischen und französischen Kapital errichtet wurden, und dasselbe System wurde nun auf die Unternehmungen der Deutschen Bank in der asiatischen Türkei angewendet. Als Pfand und Sicherheit, daß der Zuschuß geleistet wird, hat die türkische Regierung an die Vertretung des europäischen Kapitals den sogenannten Verwaltungsrat der öffentlichen Schuld, die Hauptquelle der Staatseinnahmen in der Türkei: die Zehnten aus einer Reihe von Provinzen überwiesen. Von 1893 bis 1910 hat die türkische Regierung auf solche Weise zum Beispiel für die Bahn bis Ankara und für die Strecke Eskischehir- Konia etwa 90 Millionen Franken »zugeschossen«. Die von dem türkischen Staat an seine europäischen Gläubiger immer wieder verpfändeten »Zehnten« sind uralte bäuerliche Naturalabgaben in Korn, Hammeln, Seide usw. Die Zehnten werden nicht direkt, sondern durch Pächter in der Art der berühmten Steuereinnehmer des vorrevolutionären Frankreichs erhoben, denen der Staat den voraussichtlichen Betrag der Abgaben jedes Wilajets (Provinz) einzeln im Wege der Auktion, das heißt an den Meistbietenden gegen Bezahlung in bar verkauft. Ist der Zehent eines Wilajets von einem Spekulanten oder einem Konsortium erstanden, so verkaufen diese den Zehnten jedes einzelnen Sandschaks (Kreises) an andere Spekulanten, die ihren Anteil wiederum einer ganzen Reihe kleinerer Agenten abtreten. Da jeder seine Auslagen decken und soviel Gewinn als möglich einstreichen will, so wächst der Zehent in dem Maße, wie er sich den Bauern nähert lawinenartig. Hat sich der Pächter in seinen Berechnungen geirrt so sucht er sich auf Kosten des Bauern zu entschädigen. Dieser wartet, fast immer verschuldet, mit Ungeduld auf den Augenblick, seine Ernte verkaufen zu können; wenn er aber sein Getreide geschnitten hat, muß er mit dem Dreschen oft wochenlang warten, bis es dem Zehentpächter beliebt, sich den ihm gebührenden Teil zu nehmen. Der Pächter, der gewöhnlich zugleich Getreidehändler ist benutzt diese Lage des Bauern, dem die ganze Ernte auf dem Felde zu verfaulen droht, um ihm die Ernte zu niedrigem Preise abzupressen, und weiß sich gegen Beschwerden Unzufriedener die Hilfe der Beamten und besonders der Muktars (Ortsvorsteher) zu sichern. Kann kein Steuerpächter gefunden werden, so werden die Zehnten von der Regierung in natura eingetrieben, in Magazine gebracht und als der schuldige »Zuschuß« an die Kapitalisten überwiesen. Dies der innere Mechanismus der »wirtschaftlichen Regeneration der Türkei« durch Kulturwerke des europäischen Kapitals.

Durch diese Operationen werden also zweierlei Resultate erzielt. Die kleinasiatische Bauernwirtschaft wird zum Objekt eines wohlorganisierten Aussaugungsprozesses zu Nutz und Frommen des europäischen, in diesem Falle vor allem des deutschen Bank- und Industriekapitals. Damit wachsen die »Interessensphären« Deutschlands in der Türkei, die wiederum Grundlage und Anlaß zur politischen »Beschützung« der Türkei abgeben. Zugleich wird der für die wirtschaftliche Ausnutzung des Bauerntums nötige Saugapparat, die türkische Regierung, zum gehorsamen Werkzeug, zum Vasallen der deutschen auswärtigen Politik. Schon von früher her standen türkische Finanzen, Zollpolitik, Steuerpolitik, Staatsausgaben, unter europäischer Kontrolle. Der deutsche Einfluß hat sich namentlich der Militärorganisation bemächtigt.

Es ist nach alledem klar, daß im Interesse des deutschen Imperialismus die Stärkung der türkischen Staatsmacht liegt, soweit, daß ihr vorzeitiger Zerfall verhütet wird. Eine beschleunigte Liquidation der Türkei würde zu ihrer Verteilung unter England, Rußland, Italien, Griechenland und anderen führen, womit für die großen Operationen des deutschen Kapitals die einzigartige Basis verschwinden müßte. Zugleich würde ein außerordentlicher Machtzuwachs Rußlands und Englands sowie der Mittelmeerstaaten erfolgen. Es gilt also für den deutschen Imperialismus, den bequemen Apparat des »selbständigen türkischen Staates«, die »Integrität« der Türkei zu erhalten, so lange, bis sie, vom deutschen Kapital von innen heraus zerfressen, wie früher Ägypten von den Engländern oder neuerdings Marokko von den Franzosen, als reife Frucht Deutschland in den Schoß fallen wird. Sagt doch zum Beispiel der bekannte Wortführer des deutschen Imperialismus, Paul Rohrbach, ganz offen und ehrlich:

»Es liegt in der Natur der Verhältnisse begründet, daß die Türkei, auf allen Seiten von begehrlichen Nachbarn umgeben, ihren Rückhalt bei einer Macht findet, die möglichst keine territorialen Interessen im Orient hat. Das ist Deutschland. Wir wiederum würden beim Verschwinden der Türkei großen Schaden erleiden. Sind Rußland und England die Haupterben der Türken, so liegt es auf der Hand, daß jene beiden Staaten dadurch einen bedeutenden Machtzuwachs erhalten würden. Aber auch wenn die Türkei so geteilt würde, daß ein erhebliches Stück auf uns entfällt, so bedeutet das für uns Schwierigkeiten ohne Ende, denn Rußland, England und in gewissem Sinne auch Frankreich und Italien sind Nachbarn des jetzigen türkischen Besitzes und entweder zu Lande oder zur See oder auf beiden Wegen imstande, ihren Anteil zu besetzen und zu verteidigen. Wir dagegen stehen außer jeder direkten Verbindung mit dem Orient ... Ein deutsches Kleinasien oder Mesopotamien könnte nur Wirklichkeit werden, wenn vorher zum mindesten Rußland und damit auch Frankreich zum Verzicht auf ihre gegenwärtigen politischen Ziele und Ideale gezwungen wären, das heißt wenn vorher der Weltkrieg seinen Ausgang entschieden im Sinne der deutschen Interessen genommen hätte.« (»Der Krieg und die deutsche Politik«, S. 36.)

Deutschland, das am 8. November 1898 in Damaskus beim Schatten des Großen Saladin feierlich schwur, die mohammedanische Welt und die grüne Fahne des Propheten zu schützen und zu schirmen, stärkte also ein Jahrzehnt lang mit Eifer das Regiment des Blutsultans Abdul Hamid und setzte nach einer kurzen Pause der Entfremdung das Werk an dem jungtürkischen Regime fort. Die Mission erschöpfte sich außer den einträglichen Geschäften der Deutschen Bank hauptsächlich in der Reorganisation und dem Drill des türkischen Militarismus durch deutsche

Instrukteure, von der Goltz Pascha an der Spitze. Mit der Modernisierung des Heerwesens waren natürlich neue drückende Lasten auf den Rücken des türkischen Bauern gewälzt, aber auch neue glänzende Geschäfte für Krupp und die Deutsche Bank eröffnet. Zugleich wurde der türkische Militarismus zur Dependenz des preußisch-deutschen Militarismus, zum Stützpunkt der deutschen Politik im Mittelmeer und in Kleinasien.

Daß die von Deutschland unternommene »Regeneration« der Türkei rein künstlicher Galvanisierungsversuch an einem Leichnam ist, zeigen am besten die Schicksale der türkischen Revolution. In ihrem ersten Stadium, als das ideologische Element in der jungtürkischen Bewegung überwog, als sie noch hochfliegende Pläne und Selbsttäuschungen über einen wirklichen Leben verheißenden Frühling und innere Erneuerung der Türkei hegte, richteten sich ihre politischen Sympathien entschieden nach England, in dem sie das Ideal des liberalen modernen Staatswesens erblickte, während Deutschland, der offizielle langjährige Beschützer des heiligen Regimes des alten Sultan, als Widersacher der Jungtürken auftrat. Die Revolution des Jahres 1908 schien der Bankerott der deutschen Orientpolitik zu sein und wurde allgemein als solcher aufgefaßt, die Absetzung Abdul Hamids erschien als die Absetzung der deutschen Einflüsse. In dem Maße jedoch, als die Jungtürken, ans Ruder gelangt, ihre völlige Unfähigkeit zu irgendeiner modernen wirtschaftlichen sozialen und nationalen großzügigen Reform zeigten, in dem Maße, als ihr konterrevolutionärer Pferdefuß immer mehr hervorguckte, kehrten sie alsbald mit Naturnotwendigkeit zu den altväterlichen Herrschaftsmethoden Abdul Hamids, das heißt zu dem periodisch organisierten Blutbad zwischen den aufeinandergehetzten unterjochten Völkern und zur schrankenlosen orientalischen Auspressung des Bauerntums als zu den zwei Grundpfeilern des Staates zurück. Damit ward auch die künstliche Erhaltung dieses Gewaltregimes wieder zur Hauptsorge der »jungen Türei«, und so wurde sie auch in der auswärtigen Politik sehr bald zu den Traditionen Abdul Hamids – zur Allianz mit Deutschland zurückgeführt.

Daß bei der Vielfältigkeit der nationalen Fragen, welche den türkischen Staat zersprengen: der armenischen, kurdischen, syrischen, arabischen, griechischen (bis vor kurzem noch der albanischen und mazedonischen), bei der Mannigfaltigkeit der ökonomisch-sozialen Probleme in den verschiedenen Teilen des Reiches, bei dem Aufkommen eines kräftigen und lebensfähigen Kapitalismus in den benachbarten jungen Balkanstaaten, vor allem bei der langjährigen zersetzenden Wirtschaft des internationalen Kapitals und der internationalen Diplomatie in der Türkei, daß bei alledem eine wirkliche Regeneration des türkischen Staates ein völlig aussichtsloses Beginnen ist und alle Versuche, den morschen, zerfallenden Haufen von Trümmern zusammenzuhalten, auf ein reaktionäres Unternehmen hinauslaufen, war für jedermann und namentlich für die deutsche Sozialdemokratie seit langem ganz klar. Schon aus Anlaß des großen kretischen Aufstandes im Jahre 1896 hatte in der deutschen Parteipresse eine gründliche Erörterung des Orientproblems stattgefunden, welche zur Revision des einst von Marx vertretenen Standpunkts aus der Zeit des Krimkrieges und zur definitiven Verwerfung der »Integrität der Türkei« als eines Erbstücks der europäischen Reaktion führte. Und nirgends war das jungtürkische Regime in seiner inneren sozialen Unfruchtbarkeit und seinem konterrevolutionären Charakter so rasch und genau erkannt, wie in der deutschen sozialdemokratischen Presse. Es war auch eine echt preußische Idee, daß es lediglich strategischer Eisenbahnen zur raschen Mobilisation und schneidiger Militärinstrukteure bedürfe, um eine so morsche Baracke wie den türkischen Staat lebensfähig zu machen.[1]

---

1 Am 3. Dezember 1912, nach dem ersten Balkankriege, führte der sozialdemokratische Fraktionsredner David im Reichstag aus: »Gestern wurde hier bemerkt, die deutsche Orientpolitik sei an dem Zusammenbruch der Türkei nicht schuld, die deutsche Orientpolitik sei eine gute gewesen. Der Herr Reichskanzler meinte, wir hätten der Türkei manchen guten Dienst geleistet, und Herr Bassermann sagte, wir hätten die Türkei veranlaßt, vernünftige Reformen durchzuführen. Von dem letzteren ist mir nun gar nichts bekannt (Heiterkeit bei den Sozialdemokraten.); und auch hinter die guten Dienste möchte ich ein Fragezeichen setzen. Warum ist die Türkei zusammengebrochen? Was dort zusammengebrochen ist, das war ein Junkerregiment, ähnlich dem, das wir in Ostelbien haben. (»Sehr richtig!« bei den Sozialdemokraten. –Lachen rechts.) Der Zusammenbruch der Türkei ist eine Parallelerscheinung zu dem Zusammenbruch des mandschurischen Junkerregiments in China. Mit den Junkerregimentern scheint es allmählich überall zu Ende zu gehen (Zurufe von den Sozialdemokraten: »Hoffentlich!«); sie entsprechen nicht mehr den modernen Bedürfnissen. Ich sagte, die Verhältnisse in der Türkei glichen bis zu einem gewissen Grade denen in Ostelbien. Die Türken sind eine regierende Erobererkaste, nur eine kleine Minderheit. Neben ihnen gibt es noch Nichttürken, die die mohammedanische Religion angenommen haben; aber die eigentlichen Stammtürken sind nur eine kleine Minderheit, eine Kriegerkaste, eine Kaste, die sämtliche leitenden Stellen eingenommen hat, wie in Preußen, in der Verwaltung, in der Diplomatie, im Heere; eine Kaste, deren wirtschaftliche Stellung sich stützte auf einen großen Grundbesitz, auf die Verfügung über hörige Bauern, gerade wie in Ostelbien; eine Kaste, die diesen Hintersassen gegenüber, die fremden Stammes und fremder Religion waren, den bulgarischen, den serbischen Bauern gegenüber die gleiche rücksichtslose Grundherrenpolitik verfolgt hat, wie in Ostelbien unsere Spahis. (Heiterkeit.) Solange die Türkei Naturalwirtschaft hatte, ging das noch; denn da ist ein solches Grundherrenregiment noch einigermaßen erträglich, weil der Grundherr noch nicht so auf das Ausquetschen seiner Hintersassen drängt; wenn er sonst gut zu essen und zu leben hat, ist er zufrieden. In dem Moment aber, wo die Türkei durch die Berührung mit Europa zu einer modernen Geldwirtschaft kam, wurde der Druck der türkischen Junker auf ihre Bauern immer unerträglicher. Es kam zu einer Ausquetschung dieses Bauernstandes, und ein großer Teil der Bauern ist zu Bettlern herabgedrückt worden; viele sind zu Räubern geworden. Das sind die Komitaschis! (Lachen rechts.) Die türkischen Junker haben nicht nur einen Krieg geführt gegen einen auswärtigen Feind, nein, unterhalb dieses

Schon im Sommer 1912 mußte das jungtürkische Regiment der Konterrevolution Platz machen. Der erste Akt der türkischen »Regeneration« in diesem Kriege war bezeichnenderweise der Staatsstreich, die Aufhebung der Verfassung, das heißt auch in dieser Hinsicht die formelle Rückkehr zum Regiment Abdul Hamids.

Der von deutscher Seite gedrillte türkische Militarismus machte schon im ersten Balkankrieg elend bankrott. Und der jetzige Krieg, in dessen unheimlichen Strudel die Türkei als Deutschlands »Schützling« hineingestoßen worden ist, wird, wie der Krieg auch ausgehen mag, mit

---

Krieges gegen den auswärtigen Feind hat sich in der Türkei eine Bauernrevolution vollzogen. Das war es, was den Türken das Rückgrat gebrochen hat, und das war der Zusammenbruch ihres Junkersystems! Wenn man nun sagt, die deutsche Regierung habe da gute Dienste geleistet –nun, die besten Dienste, die sie der Türkei und auch dem jungtürkischen System hätte leisten können, hat sie nicht geleistet. Sie hätte ihnen raten sollen, die Reformen, zu denen die Türkei durch das Berliner Protokoll verpflichtet war, durchzuführen, ihre Bauern wirklich frei zu machen, wie Bulgarien und Serbien es getan haben. Aber wie konnte das die preußisch -deutsche Junkerdiplomatie! ... Die Instruktionen, die Herr von Marschall von Berlin empfing, konnten jedenfalls nicht darauf gehen, den Jungtürken wirklich gute Dienste zu leisten. Was sie ihnen gebracht haben –ich will von den militärischen Dingen gar nicht sprechen –war ein gewisser Geist, den sie in das türkische Offizierkorps hineingetragen haben, der Geist des »elejanten Jardeoffiziers« (Heiterkeit bei den Sozialdemokraten), der Geist, der sich in diesem Kampfe so außerordentlich verderblich für die türkische Armee erwiesen hat. Man spricht davon, daß Leichen von Offizieren in Lackschuhen usw. gefunden werden. Die Überhebung über die Masse des Volkes, über die Masse der Soldaten vor allen Dingen, dieses Rauskehren des Offiziers, dieses Vonobenrunterbefehlen hat das Vertrauensverhältnis in der türkischen Armee in der Wurzel zerstört, und so begreift sich denn auch, daß dieser Geist mit dazu beigetragen hat, die innere Auflösung in der türkischen Armee herbeizuführen. Meine Herren, wir sind also in bezug auf die Frage, wer an dem Zusammenbruch der Türkei schuld hat, doch verschiedener Meinung. Die Hilfe eines gewissen preußischen Geistes hat den Zusammenbruch der Türkei nicht allein verschuldet, natürlich nicht, aber er hat mit dazu beigetragen, er hat ihn beschleunigt. Im Grunde waren es ökonomische Ursachen, wie ich dargelegt habe.«

unabwendbarer Fatalität zur weiteren oder gar definitiven Liquidation des Türkischen Reiches führen.

Die Position des deutschen Imperialismus – und in dessen Kern: das Interesse der Deutschen Bank- hat das Deutsche Reich im Orient in Gegensatz zu allen anderen Staaten gebracht. Vor allem zu England. Dieses hatte nicht bloß konkurrierende Geschäfte und damit fette Kapitalprofite in Anatolien und Mesopotamien an den deutschen Rivalen abtreten müssen, womit es sich schließlich abfand. Die Errichtung strategischer Bahnen und die Stärkung des türkischen Militarismus unter deutschem Einfluß wurde aber hier an einem der weltpolitisch empfindlichsten Punkte für England vorgenommen: in einem Kreuzungspunkt zwischen Zentralasien, Persien, Indien einerseits und Ägypten andererseits.

»England« – schrieb Rohrbach in seiner »Bagdadbahn« – »kann von Europa aus nur an einer Stelle zu Lande angegriffen und schwer verwundet werden: in Ägypten. Mit Ägypten würde England nicht nur die Herrschaft über den Suezkanal und die Verbindung mit Indien und Asien, sondern wahrscheinlich auch seine Besitzungen in Zentral- und Ostafrika verlieren. Die Eroberung Ägyptens durch eine mohammedanische Macht wie die Türkei könnte außerdem gefährliche Rückwirkungen auf die 60 Millionen mohammedanischer Untertanen Englands in Indien, dazu auf Afghanistan und Persien haben. Die Türkei kann aber nur unter der Voraussetzung an Ägypten denken, daß sie über ein ausgebautes Eisenbahnsystem in Kleinasien und Syrien verfügt, daß sie durch die Fortführung der anatolischen Bahn einen Angriff Englands auf Mesopotamien abwehren kann, daß sie ihre Armee vermehrt und verbessert und daß ihre allgemeine Wirtschaftslage und ihre Finanzen Fortschritte machen.«

Und in seinem zu Beginn des Weltkrieges erschienenen Buche »Der Weltkrieg und die deutsche Politik« sagt er:

»Die Bagdadbahn war von Anfang an dazu bestimmt, Konstantinopel und die militärischen Kernpunkte des türkischen Reiches in Kleinasien in unmittelbare Verbindung mit Syrien und den Provinzen am Euphrat und Tigris zu bringen ... Natürlich war vorauszusehen, daß die Bahn im Verein mit den teils projektierten, teils im Werke befindlichen oder schon vollendeten Eisenbahnlinien in Syrien und Arabien auch die Möglichkeit gewähren würde, türkische Truppen in der Richtung auf Ägypten zur Verwendung zu bringen ... Es wird niemand leugnen, daß unter der Voraussetzung eines deutsch-türkischen Bündnisses und unter verschiedenen anderen Voraussetzungen, deren Verwirklichung eine noch weniger einfache Sache wäre, als jenes Bündnis, die Bagdadbahn für Deutschland eine politische Lebensversicherung bedeutet.«

So offen sprachen die halboffiziösen Wortführer des deutschen Imperialismus dessen Pläne und Absichten im Orient aus. Hier bekam die deutsche Politik bestimmte weitausgreifende Umrisse, eine für das bisherige weltpolitische Gleichgewicht höchst grundstürzende, aggressive Tendenz und eine sichtbare Spitze gegen England. Die deutsche Orientpolitik wurde so der konkrete Kommentar zu der 1899 inaugurierten Flottenpolitik.

Zugleich setzte sich Deutschland mit seinem Programm der Integrität der Türkei in Gegensatz zu den Balkanstaaten, deren historischer Abschluß und innerer Aufschwung mit der Liquidierung der europäischen Türkei identisch ist. Endlich geriet es in Gegensatz zu Italien, dessen imperialistische Appetite sich in erster Linie auf türkische Besitzungen richten. Auf der Marokkanischen Konferenz in Algeciras 1905 stand denn auch Italien bereits auf seiten Englands und Frankreichs. Und sechs Jahre später war die Tripolitanische Expedition Italiens, die sich an die österreichische Annexion Bosniens anschloß und ihrerseits zu dem ersten Balkankrieg den Auftakt gab, schon die Absage Italiens, die Sprengung des Dreibunds und Isolierung der deutschen Politik auch von dieser Seite.-

Die zweite Richtung der deutschen Expansionsbestrebungen kam im Westen zum Vorschein, in der Marokkoaffäre. Nirgends zeigte sich die Abkehr von der Bismarckschen Politik schroffer. Bismarck begünstigte bekanntlich mit Absicht die kolonialen Bestrebungen Frankreichs, um es von den kontinentalen Brennpunkten, von Elsaß-Lothringen abzulenken. Der neueste Kurs in Deutschland zielte umgekehrt direkt gegen die französische Kolonialexpansion. Die Sachlage in Marokko war nun bedeutend anders gestaltet als in der asiatischen Türkei. An berechtigten Kapitalinteressen Deutschlands in Marokko war sehr wenig vorhanden. Zwar wurden von deutschen Imperialisten während der Marokkokrise zur Not die Ansprüche der Remscheider Kapitalistenfirma Mannesmann, die dem marokkanischen Sultan Geld geliehen und dafür Konzessionen auf Erzgruben erhalten hatte, als »vaterländisches Lebensinteresse« nach Kräften aufgebauscht. Doch hinderte die offenkundige Tatsache, daß jede der beiden konkurrierenden Kapitalgruppen in Marokko: sowohl die Mannesmanngruppe wie die Krupp-Schneider-Gesellschaft, ein ganz internationales Gemisch von deutschen, französischen und spanischen Unternehmern darstellte, im Ernst und mit einigem Erfolg von einer »deutschen Interessensphäre« zu sprechen. Um so symptomatischer war die Entschlossenheit und der Nachdruck, mit denen das Deutsche Reich im Jahre 1905 plötzlich seinen Anspruch auf Mitwirkung bei der Regelung der Marokko-Angelegenheit und seinen Protest gegen die französische Herrschaft in Marokko anmeldete. Es war dies der erste weltpolitische Zusammenstoß mit Frankreich. Im Jahre 1895 war Deutschland noch zusammen mit Frankreich und Rußland dem siegreichen Japan in den Arm gefallen, um es an der Ausnutzung des Sieges über China in Schimonoseki zu hindern. Fünf Jahre später zog es Arm in Arm mit Frankreich in der ganzen internationalen Phalanx auf den Plünderungszug gegen China. Jetzt, in Marokko, kam eine radikale Neuorientierung der deutschen Politik in ihrem Verhältnis zu Frankreich zum Vorschein. In der Marokkokrise, die in den sieben Jahren ihrer Dauer zweimal dicht an den Rand eines Krieges zwischen Deutschland und Frankreich geführt hatte, handelte es sich nicht mehr um die »Revanche«, um irgendwelche kontinentale Gegensätze zwischen den beiden Staaten. Hier äußerte sich ein ganz neuer Gegensatz, der dadurch geschaffen wurde, daß der deutsche Imperialismus dem französischen ins Gehege kam. Im Schlußergebnis der Krise ließ sich Deutschland durch das französische Kongogebiet abfinden und gab damit selbst zu, daß es in Marokko keine eigenen Interessen besaß und zu schützen hatte. Gerade dadurch bekam aber der deutsche Vorstoß in der Marokkosache eine weittragende politische Bedeutung. Gerade in der Unbestimmtheit ihrer greifbaren Ziele und Ansprüche verriet die ganze deutsche Marokkopolitik die unbegrenzten Appetite, das Tasten und Suchen nach Beute- sie war eine ganz allgemein gehaltene imperialistische Kriegserklärung gegen Frankreich. Der Gegensatz der beiden Staaten erschien hier in grellem Lichte. Dort eine langsame Industrieentwicklung, eine stagnierende Bevölkerung, ein Rentnerstaat, der hauptsächlich auswärtige Finanzgeschäfte macht, bepackt mit einem großen Kolonialreich, das mit Mühe und Not zusammengehalten wird, hier- ein mächtiger, junger, auf den ersten Platz hinstrebender Kapitalismus, der in die Welt auszieht, um Kolonien zu pirschen. An die Eroberung englischer Kolonien war nicht zu denken. So konnte sich der Heißhunger des deutschen Imperialismus, außer auf die asiatische Türkei, in erster Linie nur auf die französische Erbschaft richten. Dieselbe Erbschaft bot auch einen bequemen Köder, um Italien eventuell auf Frankreichs Kosten für die österreichischen Expansionsgelüste auf dem Balkan zu entschädigen und es so durch gemeinsame Geschäfte am Dreibund festzuhalten. Daß die deutschen Ansprüche auf Marokko den französischen Imperialismus aufs äußerste beunruhigen mußten, ist klar, wenn man bedenkt, daß Deutschland, in irgendeinem Teile Marokkos festgesetzt, es stets in der Hand hätte, das ganze nordafrikanische Reich Frankreichs, dessen Bevölkerung in chronischem Kriegszustand gegen die französischen Eroberer lebt, durch Waffenlieferungen an allen Ecken in Brand zu setzen. Der schließliche Verzicht und die Abfindung Deutschlands hatten nur diese unmittelbare Gefahr beseitigt, aber die allgemeine Beunruhigung Frankreichs und den einmal geschaffenen weltpolitischen Gegensatz weiter bestehen lassen.[2]

2 Die in den Kreisen der deutschen Imperialisten jahrelang betriebene lärmende Hetze wegen Marokkos war auch nicht geeignet, die Besorgnisse Frankreichs zu beruhigen. Der Alldeutsche Verband vertrat laut das Programm der Annexion Marokkos, natürlich als »eine Lebensfrage« für Deutschland und verbreitete eine Flugschrift aus der Feder seines Vorsitzenden Heinrich Claß unter dem Titel: »Westmarokko deutsch!« Als nach dem getroffenen Kongohandel Prof. Schiemann in der »Kreuzzeitung« die Abmachung des Auswärtigen Amtes und den Verzicht auf Marokko zu verteidigen suchte, fiel die »Post« über ihn folgendermaßen her: »Herr Professor Schiemann ist von Geburt Russe, vielleicht nicht einmal rein deutscher Abkunft. Niemand kann es ihm daher verdenken, daß er Fragen, die das Nationalbewußtsein, den patriotischen Stolz in der Brust eines jeden Reichsdeutschen auf das empfindlichste berühren, kalt und höhnisch gegenübersteht. Das Urteil eines Fremden, der von dem patriotischen Herzschlag, dem schmerzlichen Zucken der bangen Seele des deutschen Volkes spricht als von einer durchgegangenen politischen Phantasie, einem Konquistadorenabenteuer, muß um so mehr unsern berechtigten Zorn und Verachtung herausfordern, als dieser Fremde als Hochschullehrer der Berliner Universität die Gastfreundschaft des preußischen Staates genießt. Mit tiefem Schmerz aber muß es uns erfüllen, daß dieser Mann, der in dem leitenden Organ der deutschkonservativen Partei

Mit der Marokkopolitik kam Deutschland jedoch nicht nur in Gegensatz zu Frankreich, sondern mittelbar wiederum zu England. Hier in Marokko, in nächster Nähe Gibraltars, wo sich der zweite wichtigste Kreuzungspunkt der weltpolitischen Straßen des britischen Reiches befindet, mußte das plötzliche Auftauchen des deutschen Imperialismus mit seinem Anspruch und mit dem drastischen Nachdruck, der dieser Aktion gegeben wurde, als eine Kundgebung gegen England aufgefaßt werden. Auch formell richtete sich der erste Protest Deutschlands direkt gegen die Abmachung zwischen England und Frankreich über Marokko und Ägypten vom Jahre 1904, und die deutsche Forderung ging klipp und klar dahin, England bei der Regelung der Marokkoaffäre auszuschalten. Die unvermeidliche Wirkung dieser Stellung auf die deutsch-englischen Beziehungen konnte für niemanden ein Geheimnis sein. Die damals geschaffene Situation wird deutlich in einer Londoner Korrespondenz der »Frankfurter Zeitung« vom 8. November 1911 geschildert:

»Das ist das Fazit: Eine Million Neger am Kongo, ein großer Katzenjammer und eine starke Wut auf das ‚perfide Albion'. Den Katzenjammer wird Deutschland überstehen. Was aber soll aus unserem Verhältnis zu England werden, das so, wie es ist, absolut nicht fortgehen kann, sondern nach aller historischen Wahrscheinlichkeitsrechnung entweder zur Verschlimmerung, also zum Kriege führen, oder aber sich bald bessern muß ... Die Fahrt des ‚Panther' war, wie eine Berliner Korrespondenz der Frankfurter Zeitung sich neulich treffend ausdrückte, ein Rippenstoß, der Frankreich zeigen sollte, daß Deutschland auch noch da

die heiligsten Gefühle des deutschen Volkes derart zu beschimpfen wagt, der Lehrer und Ratgeber unsres Kaisers in politischen Dingen ist, und – ob mit Recht oder Unrecht – als das Sprachrohr des Kaisers gilt.«

ist … Über die Wirkung, die dieser Vorstoß hier hervorrufen würde, kann man sich in Berlin niemals im unklaren befunden haben; wenigstens hat kein hiesiger Zeitungskorrespondent Zweifel daran gehabt, daß England energisch auf die französische Seite rücken würde. Wie kann man in der Norddeutschen Allgemeinen Zeitung noch immer an der Redensart festhalten, daß Deutschland ‚mit Frankreich allein' zu unterhandeln hatte! Seit einigen hundert Jahren hat sich in Europa eine stetig zunehmende Verflechtung der politischen Interessen herausgebildet. Wenn einer malträtiert wird, so erfüllt das nach dem politischen Naturgesetz, unter dem wir stehen, die andern teils mit Freude, teils mit Sorge. Als vor zwei Jahren die Österreicher ihren bosnischen Handel mit Rußland hatten, fand Deutschland sich ‚in schimmernder Wehr' auf dem Plane, obwohl man in Wien, wie nachher gesagt worden ist, lieber allein fertig geworden wäre … Es ist nicht verständlich, wie man in Berlin meinen konnte, daß die Engländer, die eben erst eine Periode entschieden antideutscher Stimmung überwunden hatten, sich plötzlich überreden lassen würden, daß unsere Verhandlungen mit Frankreich sie ganz und gar nichts angingen. Es handelte sich in letzter Linie um die Machtfrage, denn ein Rippenstoß, er mag noch so freundlich aussehen, ist etwas Handgreifliches, und niemand kann vorhersagen, wie bald ein Faustschlag in die Zähne darauf folgen wird … Seitdem ist die Lage weniger kritisch gewesen. Im Momente, wo Lloyd George sprach, bestand, wie wir aufs genaueste informiert sind, die akute Gefahr eines Krieges zwischen Deutschland und England … Ob man, nach dieser Politik, die Sir Edward Grey und seine Vertreter seit langem verfolgen und deren Berechtigung hier nicht erörtert wird, in der Marokkofrage von ihnen eine andere Haltung erwarten durfte? Uns scheint, daß, wenn man das in Berlin tat, die Berliner Politik damit gerichtet ist.«

So hatte die imperialistische Politik sowohl in Vorderasien wie in Marokko einen scharfen Gegensatz zwischen Deutschland und England sowohl wie Frankreich geschaffen. Wie war aber das Verhältnis zwischen Deutschland und Rußland beschaffen? Was liegt auf dem Grunde des Zusammenstoßes hier? In der Pogromstimmung, die sich in den ersten Kriegswochen der deutschen Öffentlichkeit bemächtigt hatte, glaubte man alles. Man glaubte, daß belgische Frauen deutschen Verwundeten die Augen ausstechen, daß die Kosaken Stearinkerzen fressen und Säuglinge an den Beinchen packen und in Stücke reißen, man glaubt auch, daß die russischen Kriegsziele darauf ausgehen, das Deutsche Reich zu annektieren, die deutsche Kultur zu vernichten und von der Warthe bis zum Rhein, von Kiel bis München den Absolutismus einzuführen.

Die sozialdemokratische »Chemnitzer Volksstimme« schrieb am 2. August:

»In diesem Augenblick empfinden wir alle die Pflicht, vor allem anderen gegen die russische Knutenherrschaft zu kämpfen. Deutschlands Frauen und Kinder sollen nicht das Opfer russischer Bestialitäten werden, das deutsche Land nicht die Beute der Kosaken. Denn wenn der Dreiverband siegt, wird nicht ein englischer Gouverneur oder ein französischer Republikaner, sondern der Russenzar über Deutschland herrschen. Deshalb verteidigen wir in diesem Augenblick alles, was es an deutscher Kultur und deutscher Freiheit gibt, gegen einen schonungslosen und barbarischen Feind.«

Die »Fränkische Tagespost« rief am gleichen Tage:

»Wir wollen nicht, daß die Kosaken, die alle Grenzorte schon besetzt haben, in unser Land hineinrasen und in unsere Städte Verderben tragen. Wir wollen nicht, daß der russische Zar, an dessen Friedensliebe selbst am Tage des Erlasses seines Friedensmanifestes die Sozialdemokratie nicht geglaubt hat, der der ärgste Feind des russischen Volkes ist, gebiete über einen, der deutschen Stammes ist.«

Und die »Königsberger Volkszeitung« vom 3. August schrieb:

»Aber keiner von uns, ob er militärpflichtig ist oder nicht, kann auch nur einen Moment daran zweifeln, daß er, solange der Krieg geführt wird, alles tun muß, um jenes nichtswürdige Zarat von unseren Grenzen fernzuhalten, das, wenn es siegt, tausende unserer Genossen in die grauenvollen Kerker Rußlands verbannen würde. Unter russischem Zepter gibt es keine Spur von Selbstbestimmungsrecht des Volkes; keine sozialdemokratische Presse ist dort erlaubt; sozialdemokratische Vereine und Versammlungen sind verboten. Und deshalb kommt keinem von uns der Gedanke, es in dieser Stunde darauf ankommen zu lassen, ob Rußland siegt oder nicht, sondern wir alle wollen bei Aufrechterhaltung unserer Gegnerschaft gegen den Krieg zusammenwirken, um uns selbst vor den Greueln jener Schandbuben zu bewahren, die Rußland beherrschen.«

Auf das Verhältnis der deutschen Kultur zum russischen Zarismus, das ein Kapitel für sich in der Haltung der deutschen Sozialdemokratie in diesem Kriege darstellt, werden wir noch näher eingehen. Was jedoch die Annexionsgelüste des Zaren gegenüber dem Deutschen Reich betrifft, so könnte man ebensogut annehmen, Rußland beabsichtige Europa oder auch den Mond zu annektieren. In dem heutigen Kriege handelt es sich überhaupt um die Existenz nur für zwei Staaten: Belgien und Serbien. Gegen beide wurden die deutschen Kanonen gerichtet unter dem Geschrei, es handle sich um die Existenz Deutschlands. Mit Ritualmordgläubigen ist bekanntlich jede Diskussion ausgeschlossen. Für Leute jedoch, die nicht die Pöbelinstinkte und die auf den Pöbel berechneten grobkalibrigen

Schlagworte der nationalistischen Hetzpresse, sondern politische Gesichtspunkte zu Rate ziehen, muß es klar sein, daß der russische Zarimus so gut das Ziel der Annexion Deutschlands verfolgen konnte wie die des Mondes. An der Spitze der russischen Politik stehen abgefeimte Schurken, aber keine Irrsinnigen, und die Politik des Absolutismus hat bei aller Eigenart das mit jeder anderen gemein, daß sie sich nicht in der blauen Luft, sondern in der Welt der realen Möglichkeiten bewegt, wo sich die Dinge hart im Raume stoßen. Was also die befürchtete Verhaftung und lebenslängliche Verbannung der deutschen Genossen nach Sibirien sowie die Einführung des russischen Absolutismus im Deutschen Reich betrifft, so sind die Staatsmänner des Blutzaren bei aller geistigen Inferiorität bessere historische Materialisten als unsere Parteiredakteure: diese Staatsmänner wissen sehr wohl, daß sich eine politische Staatsform nicht überall nach Belieben ‚einführen' läßt, sondern daß jeder Staatsform eine bestimmte ökonomisch-soziale Grundlage entspricht; sie wissen aus eigener bitterer Erfahrung, daß sogar in Rußland selbst die Verhältnisse ihrer Herrschaft beinahe entwachsen sind; sie wissen endlich, daß auch die herrschende Reaktion in jedem Lande nur die ihr entsprechenden Formen braucht und vertragen kann, und daß die den deutschen Klassen- und Parteiverhältnissen entsprechende Abart des Absolutismus der hohenzollernsche Polizeistaat und das preußische Dreiklassenwahlrecht sind. Bei nüchterner Betrachtung der Dinge bestand also von vornherein gar kein Grund zur Besorgnis, daß der russische Zarismus sich im Ernst bewogen fühlen würde, sogar in dem unwahrscheinlichen Falle seines vollen Sieges, an diesen Produkten der deutschen Kultur zu rütteln.

In Wirklichkeit waren zwischen Rußland und Deutschland ganz andere Gegensätze im Spiel. Nicht auf dem

Gebiete der inneren Politik, die im Gegenteil durch ihre gemeinsame Tendenz und innere Verwandtschaft eine Jahrhundert alte traditionelle Freundschaft zwischen den beiden Staaten begründet hat, stießen sie zusammen, sondern entgegen und trotz der Solidarität der inneren Politik – auf dem Gebiete der auswärtigen, in den weltpolitischen Jagdgründen.

Der Imperialismus in Rußland ist ebenso wie in den westlichen Staaten aus verschiedenartigen Elementen zusammengeflochten. Seinen stärksten Strang bildet jedoch nicht wie in Deutschland oder in England die ökonomische Expansion des akkumulationshungrigen Kapitals, sondern das politische Interesse des Staates. Freilich hat die russische Industrie, wie das für die kapitalistische Produktion überhaupt typisch ist, bei aller Unfertigkeit des inneren Marktes, seit längerer Zeit auch schon einen Export nach dem Orient, nach China, Persien, Mittelasien aufzuweisen, und die zarische Regierung sucht diese Ausfuhr als erwünschte Grundlage für ihre »Interessensphäre« mit allen Mitteln zu fördern. Aber die Staatspolitik ist hier der schiebende, nicht der geschobene Teil. Einerseits äußert sich in den Eroberungstendenzen des Zarentums die traditionelle Expansion des gewaltigen Reichs, dessen Bevölkerung heute 170 Millionen Menschen umfaßt und das aus wirtschaftlichen wie strategischen Gründen den Zutritt zum freien Weltmeer, zum Stillen Ozean im Osten, zum Mittelmeer im Süden zu erlangen sucht. Andererseits spricht hier das Lebensinteresse des Absolutismus mit, die Notwendigkeit, in dem allgemeinen Wettlauf der Großstaaten auf weltpolitischem Felde eine achtunggebietende Stellung zu behaupten, um sich den finanziellen Kredit im kapitalistischen Auslande zu sichern, ohne den der Zarismus absolut nicht existenzfähig ist. Hinzu tritt endlich wie in allen Monarchien das dynastische Interesse, das bei dem immer schrofferen Gegensatz der Regierungsform zur großen Masse der Bevölkerung des äußeren Prestiges und der Ablenkung von den inneren Schwierigkeiten dauernd bedarf, als des unentbehrlichen Hausmittels der Staatskunst.

Allein auch moderne bürgerliche Interessen kommen immer mehr als Faktor des Imperialismus im Zarenreich in Betracht. Der junge russische Kapitalismus, der unter dem absolutistischen Regime natürlich nicht voll zur Entfaltung gelangen und im großen und ganzen nicht aus dem Stadium des primitiven Raubsystems herauskommen kann, sieht jedoch bei den unermeßlichen natürlichen Hilfsquellen des Riesenreiches eine gewaltige Zukunft vor sich. Es unterliegt keinem Zweifel, daß, sobald der Absolutismus weggeräumt ist, Rußland sich- vorausgesetzt, daß der internationale Stand des Klassenkampfes ihm noch diese Frist gewährt- rasch zum ersten modernen kapitalistischen Staate entwickeln wird. Es ist die Ahnung dieser Zukunft und die Akkumulationsappetite sozusagen auf Vorschuß, was die russische Bourgeoisie mit einem sehr ausgeprägten imperialistischen Drang erfüllt und bei der Weltverteilung mit Eifer ihre Ansprüche melden läßt. Dieser historische Drang findet zugleich seine Unterstützung in sehr kräftigen Gegenwartsinteressen der russischen Bourgeoisie. Dies ist, erstens, das greifbare Interesse der Rüstungsindustrie und ihrer Lieferanten; spielt doch auch in Rußland die stark kartellierte schwere Industrie eine große Rolle. Zweitens ist es der Gegensatz zum »inneren Feind«, zum revolutionären Proletariat, der die Wertschätzung der russischen Bourgeoisie für den Militarismus und die ablenkende Wirkung des weltpolitischen Evangelismus besonders gesteigert und das Bürgertum unter dem konterrevolutionären Regime zusammengeschlossen hat. Der Imperialismus der bürgerlichen Kreise in Rußland, namentlich der liberalen,ist in der Gewitterluft der Revolution zusehends gewachsen und hat in dieser modernen Taufe der traditionellen auswärtigen Politik des Zarenreichs ein modernes Gepräge verliehen.

Das Hauptziel sowohl der traditionellen Politik des Zarismus wie der modernen Appetite der russischen Bourgeoisie sind nun die Dardanellen, die nach dem bekannten Ausspruch Bismarcks den Hausschlüssel zu den russischen Besitzungen am Schwarzen Meer darstellen. Um dieses Zieles willen hat Rußland seit dem 18. Jahrhundert eine Reihe blutiger Kriege mit der Türkei geführt, die Befreiermission auf dem Balkan übernommen und in ihrem Dienste bei Ismail, bei Navarin, bei Sinope, Silistra und Sewastopol, bei Plewna und Schipka enorme Leichenhügel errichtet. Die Verteidigung der slawischen Brüder und Christen vor den türkischen Greueln fungierte bei dem russischen Muschik als ebenso zugkräftige Kriegslegende, wie jetzt die Verteidigung der deutschen Kultur und Feigheit gegen die russischen Greuel bei der deutschen Sozialdemokratie. Aber auch die russische Bourgeoisie erwärmte sich viel mehr für die Aussichten auf das Mittelmeer als für die mandschurische und mongolische Kulturmission. Der japanische Krieg wurde von dem liberalen Bürgertum besonders deshalb als ein sinnloses Abenteuer so scharf kritisiert, weil er die russische Politik von ihrer wichtigsten Aufgabe ablenkte- von dem Balkan. Der verunglückte Krieg mit Japan hat noch in anderer Hinsicht nach derselben Richtung gewirkt. Die Ausbreitung der russischen Macht in Ostasien, in Zentralasien, bis in den Tibet und nach Persien hinein, mußte die Wachsamkeit des englischen Imperialismus lebhaft beunruhigen. Besorgt um das enorme indische Reich, mußte England die asiatischen Vorstöße des Zarenreichs mit wachsendem Mißtrauen verfolgen. In der Tat war der englisch-russische Gegensatz in Asien um den Beginn des Jahrhunderts der stärkste weltpolitische Gegensatz der internationalen Situation, wie er höchstwahrscheinlich auch der Brennpunkt der künftigen imperialistischen Entwicklung nach dem heutigen Weltkrieg sein dürfte. Die krachende Niederlage Rußlands im Jahre 1904 und der Ausbruch der Revolution änderten die Situation. Auf die sichtbare Schwächung des Zarenreichs folgte eine Entspannung mit England, die im Jahre 1907 sogar zu einer Abmachung über gemeinsame Verspeisung Persiens und freundnachbarliche Beziehungen in Mittelasien führte. Dadurch wurde Rußland der Weg zu großen Unternehmungen im Osten vorerst verlegt, und seine Energie wendete sich um so kräftiger dem alten Ziel- der Balkanpolitik zu. Hier war es nun, daß das zarische Rußland zum ersten Male seit einem Jahrhundert treuer und gut fundierter Freundschaft mit der deutschen Kultur in einen schmerzlichen Gegensatz zu ihr geraten war. Der Weg zu den Dardanellen führt über die Leiche der Türkei, Deutschland betrachtete aber seit einem Jahrzehnt die Integrität dieser Leiche für seine vornehmste weltpolitische Aufgabe. Freilich hat die Methode in der russischen Balkanpolitik schon verschiedentlich gewechselt, und auch Rußland hat eine Zeitlang – erbittert durch den »Undank« der befreiten Balkanslaven, die sich der Vasallität beim Zarenreich zu entwinden suchten – das Programm der »Integrität« der Türkei vertreten, auch mit demselben stillschweigenden Vorbehalt, daß die Aufteilung auf günstigere Zeiten verschoben werden müsse. Jetzt aber paßte die endliche Liquidation der Türkei in die Pläne Rußlands sowohl wie der englischen Politik, die ihrerseits zur Stärkung der eigenen Position in Indien und Ägypten die dazwischen liegenden türkischen Gebiete – Arabien und Mesopotamien- zu einem großen mohammedanischen Reich unter britischem Zepter zu vereinigen strebt. So geriet im Orient der russische Imperialismus, wie früher schon der englische, auf den deutschen, der in der Rolle des privilegierten Nutznießers der türkischen Zersetzung als ihre Schildwache am Bosporus Posto gefaßt hatte.[3]

---

3 Im Januar 1908 schrieb nach der deutschen Presse der russische liberale Politiker Peter von Struve: »Jetzt ist es Zeit, auszusprechen, daß es nur einen Weg gibt, ein großes Rußland zu schaffen, und der ist: die Hinlenkung aller Kräfte auf ein Gebiet, das der realen Einwirkung der russischen Kultur zugänglich ist. Dieses Gebiet ist das ganze Becken des Schwarzen Meeres, das heißt alle europäischen und asiatischen Länder, die einen Ausgang zum Schwarzen Meer haben. Hier besitzen wir für unsere unanfechtbare wirtschaftliche Herrschaft eine wirkliche Basis: Menschen, Steinkohle und Eisen. Auf dieser realen Basis – und nur auf ihr – kann durch unermüdliche Kulturarbeit, die nach allen Richtungen hin vom Staat unterstützt werden muß, ein wirtschaftlich starkes Großrußland geschaffen werden.« Bei Beginn des heutigen Weltkrieges schrieb derselbe Struve noch vor dem Eingreifen der Türkei: »Bei den deutschen Politikern taucht eine selbständige türkische Politik aus, die sich zu der Idee und dem Programm der Ägyptisierung der Türkei unter dem Schutze Deutschlands verdichtete. Der Bosporus und die Dardanellen sollten sich in ein deutsches Suez verwandeln. Schon vor dem italienisch -türkischen Krieg, der die Türkei aus Afrika verdrängte, und vor dem Balkankrieg, der die Türken fast aus Europa hinauswarf, tauchte für Deutschland deutlich die Aufgabe auf: die Türkei und ihre Unabhängigkeit im Interesse der wirtschaftlichen und politischen Festigung Deutschlands zu erhalten. Nach den erwähnten Kriegen änderte sich diese Aufgabe nur insofern, als die äußerste Schwäche der Türkei zutage getreten war: unter diesen Umständen mußte ein Bündnis de facto in ein Protektorat oder eine Bevormundung ausarten, die das Ottomanische Reich schließlich auf das Niveau Ägyptens bringen mußte. Es ist aber vollkommen klar, daß ein deutsches Ägypten am Schwarzen und am Marmarameer vom russischen Standpunkt aus völlig unerträglich wäre. Kein Wunder daher, daß die russische Regierung sofort gegen die auf eine solche Politik hinzielenden Schritte, so gegen die Mission General Liman von Sanders protestierte, der nicht nur die türkische Armee reorganisieren, sondern auch ein Armeekorps in Konstantinopel befehligen sollte. Formell erhielt Rußland in dieser Frage Genugtuung, in Wirklichkeit aber änderte sich die Sachlage nicht im geringsten. Unter diesen Umständen stand im Dezember 1913 ein Krieg zwischen Rußland und Deutschland in unmittelbarer Nähe: der Fall der Militärmission Liman von Sanders hatte die auf die ‚Ägyptisierung' der Türkei gerichtete Politik Deutschlands aufgedeckt. Schon diese neue Richtung der deutschen Politik hätte ausgereicht, um einen bewaffneten Konflikt zwischen Deutschland und Rußland hervorzurufen. Wir traten also im Dezember 1913 in

Aber noch mehr als direkt mit Deutschland prallte die russische Politik auf dem Balkan mit Österreich zusammen. Die politische Ergänzung des deutschen Imperialismus, sein siamesischer Zwillingsbruder und sein Verhängnis zugleich ist der österreichische Imperialismus.

Deutschland, das sich durch seine Weltpolitik nach allen Seiten isoliert hat, findet nur in Österreich einen Bundesgenossen. Das Bündnis mit Österreich ist freilich alt, noch von Bismarck im Jahre 1879 gegründet, seitdem hat es aber völlig seinen Charakter verändert. Wie der Gegensatz zu Frankreich, so ist das Bündnis mit Österreich durch die Entwicklung der letzten Jahrzehnte mit neuem Inhalt gefüllt worden. Bismarck dachte lediglich an die Verteidigung des durch die Kriege 1864 bis 1870 geschaffenen Besitzstandes. Der von ihm geschlossene Dreibund hatte durchaus konservativen Charakter, namentlich auch in dem Sinne, daß er den endgültigen Verzicht Österreichs auf den Eintritt in den deutschen Staatenbund, die Aussöhnung mit dem von Bismarck geschaffenen Stand der Dinge, die Besiegelung der nationalen Zersplitterung Deutschlands und der militärischen Hegemonie Großpreußens bedeutete. Die Balkantendenzen Österreichs waren Bismarck ebenso zuwider wie die südafrikanischen Erwerbungen Deutschlands. In seinen »Gedanken und Erinnerungen« sagt er:

»Es ist natürlich, daß die Einwohner des Donaubeckens Bedürfnisse und Pläne haben, die sich über die heutigen Grenzen der Monarchie hinaus erstrecken: und die deutsche Reichsverfassung zeigt den Weg an, auf dem Österreich eine Versöhnung der politischen und materiellen Interessen erreichen kann, die zwischen der Ostgrenze des rumänischen Volksstammes und der Bucht von Cattaro

---

eine Epoche der Heranreifung eines Konfliktes ein, der unvermeidlich den Charakter eines Weltkonfliktes annehmen mußte.«

vorhanden sind. Aber es ist nicht die Aufgabe des Deutschen Reichs, seine Untertanen mit Gut und Blut zur Verwirklichung von nachbarlichen Wünschen herzuleihen.«

Was er auch einmal drastischer ausgedrückt hat mit dem bekannten Wort, Bosnien sei ihm nicht die Knochen eines pommerschen Grenadiers wert. Daß Bismarck in der Tat nicht gedachte, den Dreibund in den Dienst österreichischer Expansionsbestrebungen zu stellen, beweist am besten ein 1884 mit Rußland abgeschlossener »Rückversicherungsvertrag«, wonach das Deutsche Reich im Falle eines Krieges zwischen Rußland und Österreich nicht etwa an die Seite des letzteren treten, sondern »wohlwollende Neutralität« bewahren sollte.

Seit in der deutschen Politik der imperialistische Wandel vollzogen war, ist auch ihr Verhältnis zu Österreich verschoben worden. Österreich-Ungarn liegt zwischen Deutschland und dem Balkan, also auf dem Wege zum Brennpunkt der deutschen Orientpolitik. Österreich zum Gegner haben, wäre bei der allgemeinen Isolierung, in die sich Deutschland durch seine Politik versetzt hatte, gleichbedeutend mit dem Verzicht auf alle weltpolitischen Pläne. Aber auch im Falle einer Schwächung und des Zerfalls Österreich-Ungarns, der mit der sofortigen Liquidierung der Türkei und mit einer ungeheuren Stärkung Rußlands, der Balkanstaaten und Englands identisch ist, wäre zwar die nationale Einigung und Stärkung Deutschlands verwirklicht, aber der imperialistischen Politik des Deutschen Reichs das Lebenslicht ausgeblasen.[4]

---

4 In der imperialistischen Flugschrift »Warum es der deutsche Krieg ist?« lesen wir: »Rußland hatte es schon vorher mit der Verlockung versucht, uns Deutsch -Österreich anzubieten, jene zehn Millionen Deutsche, die bei unserer nationalen Einigung 1866 und 1870/1871 draußen bleiben mußten. Lieferten wir ihnen die alte Monarchie der Habsburger aus, so mochten wir den Lohn für den Verrat davontragen.«

Die Rettung und Erhaltung der habsburgischen Monarchie wurde also logisch zur Nebenaufgabe des deutschen Imperialismus, wie die Erhaltung der Türkei seine Hauptaufgabe war.

Österreich bedeutet aber einen ständigen latenten Kriegszustand auf dem Balkan. Seit der unaufhaltsame Prozeß der Auflösung der Türkei zur Bildung und Erstarkung der Balkanstaaten in nächster Nähe Österreichs geführt hatte, begann auch der Gegensatz zwischen dem habsburgischen Staat und seinen jungen Nachbarn. Es ist klar, daß durch das Aufkommen selbständiger lebensfähiger nationaler Staaten in unmittelbarer Nähe der Monarchie, die, aus lauter Bruchstücken derselben Nationalitäten zusammengesetzt, diese Nationalitäten nur mit der Fuchtel der Diktaturparagraphen zu regieren weiß, die Zersetzung der ohnehin zerrütteten Monarchie beschleunigt werden mußte. Die innere Lebensunfähigkeit Österreichs zeigte sich gerade in seiner Balkanpolitik und besonders im Verhältnis zu Serbien. Österreich war trotz seiner imperialistischen Appetite, die sich wahllos bald auf Saloniki, bald auf Durazzo warfen, nicht etwa in der Lage, Serbien zu annektieren, auch als dieses noch nicht den Zuwachs an Kraft und Umfang durch die beiden Balkankriege erfahren hatte. Durch die Einverleibung Serbiens hätte Österreich in seinem Innern eine von den widerspenstigen südslawischen Nationalitäten in gefährlicher Weise gestärkt, die es durch das brutale und stumpfsinnige Regime seiner Reaktion ohnehin kaum zu zügeln vermag.[5]

5 Die »Kölnische Zeitung« schrieb nach dem Attentat von Sarajewo, also am Vorabend des Krieges, als die Karten der offiziellen deutschen Politik noch nicht aufgedeckt waren: »Der in die Verhältnisse Uneingeweihte wird die Frage stellen, woher es komme, daß Österreich trotz seiner Bosnien erwiesenen Wohltaten im Lande nicht nur nicht beliebt, sondern

Österreich kann aber auch nicht die selbständige normale Entwicklung Serbiens dulden und von ihr durch normale Handelsbeziehungen profitieren, weil die habsburgische Monarchie nicht die politische Organisation eines bürgerlichen Staates, sondern bloß ein lockeres Syndikat einiger Cliquen gesellschaftlicher Parasiten ist, die mit vollen Händen unter Ausnutzung der staatlichen Machtmittel raffen wollen, solange der morsche Bau der Monarchie noch hält. Im Interesse der ungarischen Agrarier und der künstlichen Teuerung landwirtschaftlicher Produkte verbot Österreich also Serbien die Einfuhr von Vieh und Obst und schnürte so dem Bauernlande den Hauptabsatz seiner Produkte ab. Im Interesse der österreichischen Kartellindustrie zwang es Serbien, Industrieerzeugnisse zu höchsten Preisen nur aus Österreich zu beziehen. Um Serbien in wirtschaftlicher und politischer Abhängigkeit zu erhalten, verhinderte es Serbien, sich im Osten durch ein Bündnis mit Bulgarien den Zutritt zum Schwarzen Meer und im Westen durch Erwerbung eines Hafens in Albanien den Zutritt zum Adriatischen Meer zu verschaffen. Die Balkanpolitik Österreichs zielte also einfach auf die Erdrosselung Serbiens. Sie war aber zugleich auf Verhinderung jeder gegenseitigen Annäherung und des inneren Aufschwungs der Balkanstaaten überhaupt gerichtet und bildete für sie die ständige Gefahr. Bedrohte doch der österreichische Imperialismus bald durch die Annexion Bosniens, bald durch Ansprüche auf

---

geradezu verhaßt ist bei den Serben, die 42 Prozent der Bevölkerung ausmachen? Die Antwort wird nur der wirkliche Kenner des Volkes und der Verhältnisse verstehen, der Fernstehende, namentlich der an europäische Begriffe und Zustände gewöhnte, wird ihr verständnislos gegenüberstehen. Die Antwort lautet klipp und klar: Die Verwaltung Bosniens war in der Anlage und in ihren Grundideen vollkommen verpfuscht, und daran trägt die geradezu sträfliche Unkenntnis die Schuld, welche zum Teil noch heute, nach mehr als einem Menschenalter (seit der Okkupation) über die wirklichen Zustände im Lande herrscht.«

den Sandschak Novibazar und auf Saloniki, bald durch Ansprüche auf die albanische Küste fortwährend den Bestand und die Entwicklungsmöglichkeiten der Balkanstaaten. Diesen österreichischen Tendenzen zuliebe sowie infolge der Konkurrenz Italiens mußte auch nach dem zweiten Balkankrieg das Spottgebild des »unabhängigen Albaniens« unter einem deutschen Fürsten geschaffen werden, das von der ersten Stunde an nichts anderes war als ein Spielball von Intrigen der imperialistischen Rivalen.

So wurde die imperialistische Politik Österreichs im letzten Jahrzehnt zum Hemmschuh für eine normale fortschrittliche Entwicklung auf dem Balkan und führte von selbst zu dem unausweichlichen Dilemma: entweder die habsburgische Monarchie oder die kapitalistische Entwicklung der Balkanstaaten! Der Balkan, der sich von der türkischen Herrschaft emanzipiert hatte, sah sich vor die weitere Aufgabe gestellt, noch das Hindernis Österreich aus dem Wege zu räumen. Die Liquidierung Österreich-Ungarns ist historisch nur die Fortsetzung des Zerfalls der Türkei und zusammen mit ihm ein Erfordernis des geschichtlichen Entwicklungsprozesses.

Aber jenes Dilemma ließ keine andere Lösung zu als Krieg, und zwar den Weltkrieg. Hinter Serbien stand nämlich Rußland, das seinen Einfluß auf dem Balkan und seine »Beschützer«-Rolle nicht preisgeben konnte, ohne auf sein ganzes imperialistisches Programm im Orient zu verzichten. In direktem Gegensatz zur österreichischen ging die russische Politik darauf aus, die Balkanstaaten, natürlich unter Rußlands Protektorat, zusammenzuschließen. Der Balkanbund, dessen siegreicher Krieg im Jahre 1912 mit der europäischen Türkei fast ganz aufgeräumt hatte, war Rußlands Werk und hatte in dessen Intentionen die Hauptspitze gegen Österreich zu richten. Zwar zerschellte der Balkanbund entgegen allen Bemühungen Rußlands alsbald im zweiten Balkankrieg, aber das aus diesem Kriege siegreich hervorgegangene Serbien wurde nun in gleichem Maße auf die Bundesgenossenschaft Rußlands angewiesen, als Österreich sein Todfeind wurde. Deutschland, an die Schicksale der habsburgischen Monarchie gekoppelt, sah sich genötigt, deren stockreaktionäre Balkanpolitik auf Schritt und Tritt zu decken und nun in doppelt scharfen Gegensatz zu Rußland zu treten.

Die österreichische Balkanpolitik führte aber ferner zum Gegensatz mit Italien, das an der Liquidation sowohl Österreichs wie der Türkei lebhaft interessiert ist. Der Imperialismus Italiens findet in den italienischen Besitzungen Österreichs den nächstliegenden und bequemsten, weil populärsten Deckmantel seiner Expansionsgelüste, die sich bei der Neuordnung der Dinge auf dem Balkan vor allem auf die gegenüberliegende albanische Küste der Adria richten. Der Dreibund, der schon im Tripoliskrieg einen argen Stoß erlitten hatte, wurde durch die akute Krise auf dem Balkan seit den beiden Balkankriegen vollends ausgehöhlt und die beiden Zentralmächte in scharfen Gegensatz zu aller Welt gebracht. Deutschlands Imperialismus, gekettet an zwei verwesende Leichname, steuerte geraden Weges in den Weltkrieg.

Die Fahrt war übrigens ganz bewußt. Namentlich Österreich als treibende Kraft rannte mit fataler Blindheit schon seit Jahren ins Verderben. Seine herrschende klerikal-militärische Clique mit dem Erzherzog Franz Ferdinand und dessen Handlanger Baron von Chlumezki an der Spitze haschte förmlich nach Vorwänden, um loszuschlagen. Im Jahre 1909 ließ sie eigens zur Entfachung des nötigen Kriegsfurors in deutschen Landen von Prof. Friedmann die berühmten Dokumente fabrizieren, die eine weitverzweigte teuflische Verschwörung der Serben gegen die habsburgische Monarchie enthüllten und nur den kleinen

Fehler hatten, daß sie von A bis Z gefälscht waren. Einige Jahre später sollte die tagelang kolportierte Nachricht vom entsetzlichen Martyrium des österreichischen Konsuls Prohaska in Üsküb wie der zündende Funke ins Pulverfaß fallen, unterdes Prohaska gesund und munter pfeifend in den Straßen von Üsküb spazierte. Endlich kam das Attentat von Sarajewo, ein lang ersehntes veritables empörendes Verbrechen. »Wenn je ein Blutopfer eine befreiende, eine erlösende Wirkung gehabt hat, so war es dieses«, jubelten die Wortführer der deutschen Imperialisten. Die österreichischen Imperialisten jubelten noch lauter und beschlossen, die erzherzoglichen Leichen zu benutzen, solange sie frisch waren.[6] Nach rascher Verständigung mit Berlin wur-

---

6 »Warum es der deutsche Krieg ist?« S. 21. Das Organ der Clique des Erzherzogs, »Groß -Österreich«, schrieb Woche für Woche Brandartikel im folgenden Stil: »Wenn man den Tod des Erzherzogs -Thronfolgers Franz Ferdinand in würdiger und seinen Empfindungen Rechnung tragender Weise rächen will, dann vollstrecke man so rasch als möglich das politische Vermächtnis des unschuldigen Opfers einer unseligen Entwicklung der Verhältnisse im Süden des Reiches. Seit sechs Jahren warten wir schon auf die endliche Auslösung all der drückenden Spannungen, die wir in unserer ganzen Politik so überaus qualvoll empfinden. Weil wir wissen, daß erst aus einem Krieg das neue und große Osterreich, das glückliche, seine Völker befreiende Groß -Österreich geboren werden kann, darum wollen wir den Krieg. Wir wollen den Krieg, weil es unsere innerste Überzeugung ist, daß nur durch einen Krieg in radikaler, plötzlicher Weise unser Ideal erreicht werden kann: ein starkes Groß -Österreich, in dem die österreichische Staatsidee, der österreichische Missionsgedanke, den Balkanvölkern die Freiheit und Kultur zu bringen, im Sonnenglanze einer großen, frohen Zukunft blüht. Seitdem der Große tot ist, dessen starke Hand, dessen unbeugsame Energie Groß -Österreich über Nacht geschaffen hätte, seitdem erhoffen wir alles nur mehr vom Krieg. Es ist die letzte Karte, auf die wir alles setzen! Vielleicht führt die ungeheure Erregung, die in Österreich und Ungarn nach diesem Attentat gegen Serbien herrscht, zur Explosion gegen Serbien und im weiteren Verlauf auch gegen Rußland. Erzherzog Franz Ferdinand hat als einziger diesen Imperialismus nur vorbereiten, nicht durchsetzen können. Sein Tod wird hoffentlich das Blutopfer sein, das notwendig war, um die imperialistische Entflammung ganz Österreichs durchzuführen.«

de der Krieg abgemacht und das Ultimatum als der Fidibus ausgesandt, der die kapitalistische Welt an allen Ecken anzünden sollte.

Aber der Zwischenfall in Sarajewo hatte nur den Vorwand geliefert. An Ursachen, an Gegensätzen war seit langer Zeit alles für den Krieg reif, die Konstellation, die wir heute erleben, war seit einem Jahrzehnt fertig. Jedes Jahr und jede politische Begebenheit der letzten Zeit brachten ihn einen Schritt näher: die türkische Revolution, die Annexion Bosniens, die Marokkokrise, die Tripolisexpedition, die beiden Balkankriege. Alle Militärvorlagen der letzten Jahre wurden direkt mit Hinblick auf diesen Krieg als bewußte Vorbereitung zur unvermeidlichen Generalabrechnung eingebracht. Fünfmal im Laufe der letzten Jahre wäre der heutige Krieg schon um ein Haar ausgebrochen: im Sommer 1905, als Deutschland zum ersten Male in entscheidender Form seine Ansprüche in der Marokkosache anmeldete. Im Sommer 1908, als England, Rußland und Frankreich nach der Monarchenbegegnung in Reval wegen der mazedonischen Frage ein Ultimatum an die Türkei stellen wollten und Deutschland sich bereitete, zum Schutz der Türkei sich in den Krieg zu stürzen, den nur der plötzliche Ausbruch der türkischen Revolution für diesmal verhindert hat.[7] Im Anfang 1909, als Rußland die österreichische Annexion Bosniens mit einer Mobilmachung beantwortete, worauf Deutschland in Petersburg in aller Form erklärte, es sei bereit, auf Österreichs Seite in den Krieg zu ziehen. Im Sommer 1911, als der »Panther« nach Agadir entsandt wurde, was unbedingt den Ausbruch

---

7 »Auf Seiten der deutschen Politik war man natürlich darüber unterrichtet was geschehen sollte, und heute wird kein Geheimnis mehr mit der Tatsache verraten, daß wie andere europäische Flotten, so auch die deutschen Seestreitkräfte sich damals im Zustande unmittelbarer Kriegsbereitschaft befanden.« Rohrbach, »Der Krieg und die deutsche Politik«, S. 32.

des Krieges herbeigeführt hätte, wenn Deutschland auf den Marokkoanteil nicht verzichtet und sich mit Kongo nicht hätte abfinden lassen. Und endlich anfangs 1913, als Deutschland angesichts des beabsichtigten Einmarsches Rußlands in Armenien zum zweitenmal in Petersburg in aller Form erklärte, kriegsbereit zu sein.

Derartig hing der heutige Weltkrieg seit acht Jahren in der Luft. Wenn er immer wieder verschoben wurde, so nur deshalb, weil jedesmal eine der beteiligten Seiten mit den militärischen Vorbereitungen noch nicht fertig war. Namentlich war in dem »Panther«-Abenteuer 1911 schon der heutige Weltkrieg reif – ohne das ermordete Erzherzogpaar, ohne französische Flieger über Nürnberg und ohne russische Invasion in Ostpreußen. Deutschland hat ihn bloß auf einen für sich gelegeneren Moment verschoben. Auch hier braucht man nur die offenherzige Darlegung der deutschen Imperialisten zu lesen: »Wenn von der sogenannten alldeutschen Seite her während der Marokkokrisis von 1911 gegen die deutsche Politik der Vorwurf der Schwäche gemacht worden ist, so erledigt sich diese falsche Idee schon allein dadurch daß, als wir den ‚Panther' nach Agadir schickten, der Umbau des Nordostseekanals noch mitten im Werk, der Ausbau von Helgoland zu einer großen Seefestung lange nicht vollendet und unsere Flotte an Dreadnoughts und Hilfswaffen gegenüber der englischen Seemacht ein bedeutend ungünstigeres Verhältnis aufwies als drei Jahre nachher. Sowohl der Kanal als auch Helgoland, als auch die Flottenstärke waren im Vergleich zum gegenwärtigen Jahre, 1914, teils stark zurück, teils überhaupt noch nicht kriegsbrauchbar. In einer solchen Lage, wo man weiß, daß man etwas später sehr viel günstigere Chancen haben wird, den Entscheidungskrieg provozieren zu wollen, wäre doch einfach töricht gewesen.«[8] Erst mußte die deutsche Flotte instand gesetzt und die große Militärvorlage im Reichstag durchgedrückt werden. Im Sommer 1914 fühlte sich Deutschland kriegsbereit, während Frankreich noch an seiner dreijährigen Dienstzeit laborierte und Rußland weder mit dem Flottenprogramm noch mit dem Landheer fertig war. Es galt, die Lage energisch auszunutzen. »Für uns, das heißt für Deutschland und Österreich-Ungarn« – schreibt über die Situation im Jahre 1914 derselbe Rohrbach, der nicht bloß der ernsteste Wortführer des Imperialismus in Deutschland, sondern auch in genauer Fühlung mit den leitenden Kreisen der deutschen Politik, halb und halb ihr offiziöses Mundstück ist-, »für uns bestand die Hauptsorge diesmal darin, daß wir durch eine vorübergehende und scheinbare Nachgiebigkeit Rußlands moralisch gezwungen werden könnten, zu warten, bis Rußland und Frankreich wirklich bereit waren.«[9] Mit anderen Worten: die Hauptsorge im Juli 1914 war, daß die »Friedensaktion« der deutschen Regierung Erfolg haben, daß Rußland und Serbien nachgeben konnten. Es galt, sie diesmal zum Kriege zu zwingen. Und die Sache gelang. »Mit tiefem Schmerz sahen wir unsere auf die Erhaltung des Weltfriedens gerichteten unermüdlichen Bemühungen scheitern« usw.

Als die deutschen Bataillone in Belgien einmarschierten, als der Deutsche Reichstag vor die vollendete Tatsache des Krieges und des Belagerungszustandes gestellt war, war es nach alledem kein Blitz aus heiterem Himmel, keine neue unerhörte Situation, kein Ereignis, das in seinen politischen Zusammenhängen für die sozialdemokratische Fraktion eine Überraschung sein konnte. Der am

8 Rohrbach, »Der Krieg und die deutsche Politik«, S. 41.

9 Ebenda, s. 83.

4. August offiziell begonnene Weltkrieg war derselbe, auf den die deutsche und die internationale imperialistische Politik seit Jahrzehnten unermüdlich hinarbeitete, derselbe, dessen Nahen die deutsche Sozialdemokratie ebenso unermüdlich seit einem Jahrzehnt fast jedes Jahr prophezeite, derselbe, den die sozialdemokratischen Parlamentarier, Zeitungen und Broschüren tausendmal als ein frivoles imperialistisches Verbrechen brandmarkten, das weder mit Kultur noch mit nationalen Interessen etwas zu tun hätte, vielmehr das direkte Gegenteil von beiden wäre.

Und in der Tat. Nicht um die »Existenz und die freiheitliche Entwicklung Deutschlands« handelt es sich in diesem Kriege, wie die sozialdemokratische Fraktionserklärung sagt, nicht um die deutsche Kultur, wie die sozialdemokratische Presse schreibt, sondern um jetzige Profite der Deutschen Bank in der asiatischen Türkei und künftige Profite der Mannesmänner und Krupp in Marokko, um die Existenz und die Reaktion Österreichs, dieses »Haufens organisierte Verwesung, der sich habsburgische Monarchie nennt«, wie der »Vorwärts« am 25. Juli 1914 schrieb, um ungarische Schweine und Zwetschgen, um den § 14 und die Kultur Friedmann-Prohaska, um die Erhaltung der türkischen Baschibuzukenherrschaft in Kleinasien und der Konterrevolution auf dem Balkan.

Ein großer Teil unserer Parteipresse war sittlich entrüstet, daß von den Gegnern Deutschlands die »Farbigen und Wilden«, Neger, Sikhs, Maori in den Krieg gehetzt wurden. Nun, diese Völker spielen im heutigen Kriege ungefähr dieselbe Rolle wie die sozialistischen Proletarier der europäischen Staaten. Und wenn die Maori von Neuseeland nach Reuter-Meldung darauf brannten, sich für den englischen König die Schädel einzurennen, so zeigten sie just soviel Bewußtsein für die eigenen Interessen wie die deutsche sozialdemokratische Fraktion, welche die Erhaltung der habsburgischen Monarchie, der Türkei und der Kassen der Deutschen Bank mit der Existenz, Freiheit und Kultur des deutschen Volkes verwechselte. Ein großer Unterschied besteht freilich bei alledem: die Maori trieben noch vor einer Generation Menschenfresserei und nicht marxistische Theorie.

V.

Aber der Zarismus!

Aber der Zarismus! Dieser war es zweifellos, der für die Haltung der Partei, namentlich im ersten Augenblick des Krieges, den Ausschlag gegeben hat. Die sozialdemokratische Fraktion hatte in ihrer Erklärung die Parole gegeben: Gegen den Zarismus! Die sozialdemokratische Presse hat daraus alsbald den Kampf um »die Kultur« für ganz Europa gemacht.

Die »Frankfurter Volksstimme« schrieb schon am 31. Juli:

»Die deutsche Sozialdemokratie hat seit langem das Zarentum bezichtigt als den blutigen Hort der europäischen Reaktion, seit der Zeit, da Marx und Engels mit geschärften Blicken jede Bewegung dieses barbarischen Regiments verfolgten, bis heute, wo es die Gefängnisse mit politischen Verbrechern füllt und doch vor jeder Arbeiterbewegung zittert. Nun käme die Gelegenheit, unter den deutschen Kriegsfahnen mit dieser fürchterlichen Gesellschaft abzurechnen.«

Die »Pfälzische Post« in Ludwigshafen am gleichen Tage:

»Das ist ein Grundsatz, den unser unvergeßlicher August Bebel prägte. Es gilt hier den Kampf der Kultur gegen die Unkultur, da stellt auch das Proletariat seinen Mann.«

Die »Münchener Post« am 1. August:

»In der Pflicht der Landesverteidigung gegen das Blutzarentum lassen wir uns nicht zu Bürgern zweiter Klasse machen.«

Das Hallesche »Volksblatt« am 5. August:

»Wenn es richtig ist, daß wir von Rußland angegriffen wurden – und alle Meldungen haben das bisher so zu erkennen gegeben – , so ist es selbstverständlich, daß die Sozialdemokratie alle Mittel für die Verteidigung bewilligt. Der Zarismus muß mit aller Kraft aus dem Lande geworfen werden.«

Und am 18. August:

»Nun aber die eisernen Würfel ins Rollen gekommen sind, nun ist es nicht nur die Pflicht der Vaterlandsverteidigung, der nationalen Selbsterhaltung, die uns, wie allen anderen Deutschen, die Waffe in die Hand drückt, sondern auch das Bewußtsein, daß wir mit dem Feind, gegen den wir im Osten kämpfen, zugleich den Feind allen Fortschritts und aller Kultur bekämpfen ... Die Niederlage Rußlands ist zugleich der Sieg der Freiheit in Europa.«

Der Braunschweiger »Volksfreund« vom 5. August schrieb:

»Der unwiderstehliche Druck der militärischen Gewalt zieht alle mit sich fort. Aber die klassenbewußten Arbeiter folgen nicht nur äußerer Gewalt, sie gehorchen ihrer eigenen Überzeugung, wenn sie den Boden, auf dem Sie stehen, vor dem Einbruch des Ostens verteidigen.«

Die Essener »Arbeiterzeitung« rief schon am 3. August:

»Wenn jetzt dieses Land durch Rußlands Entschließungen bedroht wird, dann werden die Sozialdemokraten angesichts der Tatsache, daß der Kampf dem russischen Blutzarismus, dem millionenfachen Verbrecher an Freiheit und Kultur, gilt, an Pflichterfüllung und Opferwilligkeit sich von keinem im Lande übertreffen lassen ... Nieder mit dem Zarismus! Nieder mit dem Hort der Barbarei! Das wird dann Parole sein.«

Ebenso die Bielefelder »Volkswacht« am 4. August:

»Die Losung ist überall die gleiche: Gegen russische Despotie und Hinterhältigkeit!« …

Das Elberfelder Parteiblatt am 5. August:

»Das ganze westliche Europa hat das Lebensinteresse, den scheußlichen, mordbübischen Zarismus auszurotten. Dies Menschheitsinteresse wird aber erdrückt von der Gier der kapitalistischen Klassen Englands und Frankreichs, die Profitmöglichkeiten aufzuhalten, die bisher deutsches Kapital ausübte.«

Die »Rheinische Zeitung« in Köln:

»Tut eure Pflicht, ihr Freunde, gleichviel, wohin euch das Schicksal stellt! Ihr kämpft für die Kultur Europas, für die Freiheit eures Vaterlandes und euer eigenes Wohlergehen.«

Die »Schleswig-Holsteinische Volkszeitung« vom 7. August schrieb:

»Selbstverständlich leben wir in der Zeit des Kapitalismus, und ganz sicher werden wir auch nach dem großen Kriege Klassenkämpfe haben. Aber diese Klassenkämpfe werden sich abspielen in einem freieren Staate, als wir ihn heute kennen, diese Klassenkämpfe werden sich weit mehr auf ökonomische Gebiete beschränken und die Behandlung der Sozialdemokraten als Ausgestoßene, als Bürger zweiter Klasse, als politisch Rechtlose wird in Zukunft unmöglich sein, wenn das russische Zarentum verschwunden ist.«

Am 11. August rief das Hamburger »Echo«:

»Denn nicht nur haben wir den Verteidigungskrieg zu führen gegen England und Frankreich, wir haben vor allem den Krieg zu führen gegen den Zarismus, und den führen wir mit aller Begeisterung. Denn es ist ein Krieg für die Kultur.«

Und das Lübecker Parteiorgan erklärte noch am 4. September:

»Wenn die Freiheit Europas gerettet wird, so hat Europa das, nachdem der Krieg einmal entfesselt ist, der Kraft der deutschen Waffen zu danken. Es ist der Todfeind aller Demokratie und aller Freiheit, gegen den unser Hauptkampf sich richtet.«

So hallte es aus der deutschen Parteipresse in vielstimmigem Chor.

Die deutsche Regierung ging im Anfangsstadium des Krieges auf die angebotene Hilfe ein: sie steckte sich mit lässiger Hand den Lorbeer des Befreiers der europäischen Kultur an den Helm. Ja, sie bequemte sich, wenn auch mit sichtlichem Unbehagen und ziemlich plumper Grazie, zur Rolle des »Befreiers der Nationen«. Die Generalkommandos »fun die beide grauße Armees« haben sogar – »Not kennt kein Gebot«- zu mauscheln gelernt und krauten in Russisch-Polen die »Schnorrer und Verschwörer« hinter die Ohrlocken. Den Polen wurde gleichfalls ein Wechsel auf das Himmelreich ausgestellt, für den Preis natürlich, daß sie gegen ihre zarische Regierung denselben »Hochverrat« in Massen begehen, für dessen angeblichen Versuch der Duala Manga Bell in Kamerun unter dem Kriegslärm sang- und klanglos und ohne lästige Gerichtsprozedur gehängt wurde. Und all diese Bärensprünge des deutschen Imperialismus in Nöten machte die sozialdemokratische Parteipresse mit. Während die Reichstagsfraktion mit diskretem Schweigen die Leiche des Duala-Häuptlings zudeckte, erfüllte die sozialdemokratische Presse die Luft mit jubelndem Lerchengesang über die Freiheit, die von »deutschen Gewehrkolben« den armen Opfern des Zarismus gebracht werde.

Das theoretische Organ der Partei, »Die Neue Zeit«, schrieb in der Nummer vom 28. August:

»Die Grenzbevölkerung in Väterchens Reich hat mit jubelndem Zuruf die deutschen Vortruppen begrüßt- denn was in diesen Strichen an Polen und Juden sitzt, hat den Begriff Vaterland immer nur in Gestalt von Korruption und

Knute zu schmecken bekommen. Arme Teufel und wirklich vaterlandslose Gesellen, hätten diese geschundenen Untertanen des blutigen Nikolaus, selbst wenn sie die Lust dazu aufbrächten, nichts zu verteidigen als ihre Ketten, und darum leben und weben sie jetzt in dem einen Sehnen und Hoffen, daß deutsche Gewehrkolben, von deutschen Fäusten geschwungen, das ganze zarische System ehestens zerschmettern möchten … Ein zielklarer politischer Wille lebt auch, während sich die Donner des Weltkrieges über ihren Häuptern entladen, in der deutschen Arbeiterklasse: sich der Bundesgenossen der östlichen Barbarei im Westen zu erwehren, um zu einem ehrenvollen Frieden mit ihnen zu gelangen, und an die Vernichtung des Zarismus den letzten Hauch von Roß und Mann zu setzen.«

Nachdem die sozialdemokratische Fraktion dem Kriege den Charakter einer Verteidigung der deutschen Nation und Kultur angedichtet hatte, dichtete ihm die sozialdemokratische Presse gar den Charakter des Befreiers fremder Nationen an. Hindenburg wurde zum Vollstrecker des Testaments von Marx und Engels.

Das Gedächtnis hat unserer Partei in diesem Kriege entschieden einen fatalen Streich gespielt: während sie alle ihre Grundsätze, Gelöbnisse und Beschlüsse der internationalen Kongresse just in dem Moment völlig vergaß, wo es sie anzuwenden galt, hat sie sich zu ihrem Pech an ein »Vermächtnis« von Marx erinnert und es gerade in dem Moment aus dem Staub der Zeiten hervorgeholt, wo es nur dazu dienen konnte, den preußischen Militarismus damit zu schmücken, an dessen Bekämpfung Marx »den letzten Hauch von Mann und Roß« hergeben wollte. Es waren die gefrorenen Trompetentöne der »Neuen Rheinischen Zeitung«, der deutschen Märzrevolution gegen das leibeigene Rußland Nikolaus I., die der deutschen Sozialdemokratie plötzlich im Jahre des Heils 1914 ans Ohr drangen und ihr den »deutschen Gewehrkolben« – Arm in Arm mit dem preußischen Junkertum – gegen das Rußland der großen Revolution in die Hand drückten.

Aber hier gerade gilt es, die »Revision« anzusetzen und die Schlagworte aus der Märzrevolution an der Hand der geschichtlichen Erfahrung von bald 70 Jahren nachzuprüfen.

1848 war der russische Zarismus in der Tat der »Hort der europäischen Reaktion«. Ein bodenständiges Produkt der russischen sozialen Verhältnisse, in deren mittelalterlicher, naturalwirtschaftlicher Basis er tief wurzelte, war der Absolutismus der Schutz und zugleich der übermächtige Lenker der durch die bürgerliche Revolution erschütterten und namentlich in Deutschland durch die Kleinstaaterei geschwächten monarchischen Reaktion. Noch 1851 konnte Nikolaus I. durch den preußischen Gesandten von Rochow in Berlin zu verstehen geben, daß er »es allerdings gerne gesehen haben würde, wenn im November 1848 beim Einrücken des Generals von Wrangel in Berlin die Revolution in der Wurzel unterdrückt worden wäre«, und daß es »noch andere Momente gegeben habe, wo man keine schlechte Konstitution hätte zu geben brauchen«. Oder ein anderes Mal in einer Ermahnung an Manteuffel: daß er »mit Zuversicht darauf rechne, daß das königliche Ministerium unter Hochdero Führung den Kammern gegenüber mit aller Entschlossenheit die Rechte der Krone verteidigen und die konservativen Grundsätze zur Geltung bringen lassen werde«. Derselbe Nikolaus konnte auch noch einem preußischen Ministerpräsidenten den Alexander-Newski-Orden verleihen in Anerkennung seiner »beständigen Anstrengungen ... zur Befestigung der gesetzlichen Ordnung in Preußen«.

Schon der Krimkrieg hat darin eine große Verschiebung gebracht. Er führte den militärischen und damit auch den politischen Bankrott des alten Systems herbei. Der russische Absolutismus sah sich genötigt, den Weg der Reformen zu beschreiten, sich zu modernisieren, den bürgerlichen Verhältnissen anzupassen, und damit hatte er den kleinen Finger dem Teufel gereicht, der ihn jetzt schon fest am Arme hält und schließlich ganz holen wird. Die Ergebnisse des Krimkrieges waren zugleich eine lehrreiche Probe auf das Dogma von der Befreiung, die man einem geknechteten Volke mit »Gewehrkolben« bringen könne. Der militärische Bankrott bei Sedan bescherte Frankreich die Republik. Aber diese Republik war nicht ein Geschenk der Bismarckschen Soldateska: Preußen hatte damals wie heute anderen Völkern nichts zu schenken als das eigene Junkerregiment. Die Republik war in Frankreich die innerlich gereifte Frucht sozialer Kämpfe seit 1789 und der drei Revolutionen. Der Krach bei Sebastopol wirkte wie bei Jena: beim Fehlen einer revolutionären Bewegung im Innern des Landes führte er nur zur äußeren Renovierung und zur Neubefestigung des alten Regimes.

Aber die Reformen der sechziger Jahre in Rußland, die der bürgerlich-kapitalistischen Entwicklung die Bahn brachen, waren auch nur mit Geldmitteln einer bürgerlich-kapitalistischen Wirtschaft zu bewerkstelligen. Und diese Mittel wurden geliefert vom westeuropäischen Kapital – aus Deutschland und Frankreich. Seitdem knüpfte sich das neue Verhältnis, das bis auf den heutigen Tag dauert: der russische Absolutismus wird von der westeuropäischen Bourgeoisie ausgehalten. Nicht mehr der »russische Rubel« rollt in den diplomatischen Kammern und, wie der Prinz Wilhelm von Preußen noch 1854 bitter klagte, »bis in die Vorkammern des Königs«, sondern umgekehrt rollt deutsches und französisches Gold nach Petersburg, um dort das Zarenregiment zu speisen, das ohne diese belebenden Säfte längst seine Mission ausgespielt haben würde. Seitdem ist der Zarismus nicht mehr bloß ein Produkt der russischen Verhältnisse: seine zweite Wurzel sind die kapitalistischen Verhältnisse Westeuropas. Ja, das Verhältnis verschiebt sich seitdem mit jedem Jahrzehnt mehr. In demselben Maße wie mit der Entwicklung des russischen Kapitalismus die innere bodenständige Wurzel der Alleinherrschaft in Rußland selbst zernagt wird, erstarkt die andere, westeuropäische, immer mehr. Zur finanziellen Unterstützung kam in steigendem Maße, durch den Wetteifer Frankreichs mit Deutschland seit dem Kriege 1870 die politische hinzu. Je mehr aus dem Schoße des russischen Volkes selbst revolutionäre Kräfte gegen den Absolutismus emporsteigen, um so mehr prallen sie auf Widerstände aus Westeuropa, das dem bedrohten Zarismus moralische und politische Rückenstärkung gewährt. Als zu Beginn der achtziger Jahre die terroristische Bewegung des älteren russischen Sozialismus das zaristische Regiment für einen Moment schwer erschüttert, seine Autorität nach innen und nach außen vernichtet hatte, gerade dann schloß Bismarck mit Rußland seinen Rückversicherungsvertrag ab und schaffte ihm Rückendeckung in der internationalen Politik. Je mehr Rußland andererseits von der deutschen Politik umworben wurde, um so unbegrenzter wurde ihm natürlich der Säckel der französischen Bourgeoisie geöffnet. Aus beiden Hilfsquellen schöpfend, fristete der Absolutismus sein Dasein im Kampfe gegen die nunmehr steigende Flut der revolutionären Bewegung im Innern.

Die kapitalistische Entwicklung, die der Zarismus mit eigenen Händen hegte und pflegte, trug nun endlich die Frucht: seit den neunziger Jahren beginnt die revolutionäre Massenbewegung des russischen Proletariats. Unter dem Zarismus geraten die Fundamente im eigenen Lande ins Schwanken und Beben. Der einstige »Hort der europäischen Reaktion« sieht sich bald gezwungen, selbst »eine schlechte Konstitution« zu geben, und muß vor der steigenden Flut im eigenen Heim nunmehr selbst einen rettenden »Hort« suchen. Und er findet ihn- in Deutschland. Das Deutschland Bülows trägt die Schuld der Dankbarkeit ab, die das Preußen Wrangels und Manteuffels eingegangen war. Das Verhältnis erfährt eine direkte Umkehrung: russische Hilfeleistungen gegen die deutsche Revolution werden ersetzt durch deutsche Hilfeleistungen gegen die russische Revolution. Spitzeleien, Ausweisungen, Auslieferungen – eine regelrechte »Demagogenhetze« aus den seligen Zeiten der Heiligen Allianz wird in Deutschland gegen die russischen Freiheitskämpfer entfesselt, die sie bis an die Schwelle der russischen Revolution verfolgt. Die Hetze findet im Jahre 1904 im Königsberger Prozeß nicht bloß ihre Krönung: sie beleuchtet hier wie mit Blitzlicht die ganze geschichtliche Strecke der Entwicklung seit 1848, die völlige Umstülpung des Verhältnisses zwischen dem russischen Absolutismus und der europäischen Reaktion. Tua res agitur! [um deine Sache geht es] ruft ein preußischer Justizminister den herrschenden Klassen Deutschlands zu, auf die wankenden Fundamente des zarischen Regimes in Rußland mit dem Finger weisend. »Die Einrichtung einer demokratischen Republik in Rußland müßte auf Deutschland in empfindlichster Weise einwirken« – erklärt in Königsberg der Erste Staatsanwalt Schulze. – »Brennt meines Nachbars Haus, so ist auch das meinige gefährdet.« Und sein Gehilfe Caspar unterstreicht: »Es ist natürlich von erheblichem Einfluß auf Deutschlands öffentliche Interessen, ob das Bollwerk des Absolutismus bestehen bleibt oder nicht. Unzweifelhaft können die Flammen einer revolutionären Bewegung leicht nach Deutschland hinüberschlagen ...« Hier war es endlich mit Händen zu greifen, wie der Maulwurf der geschichtlichen Entwicklung die Dinge unterwühlt, auf den Kopf gestellt, die alte Phrase vom »Hort der europäischen Reaktion« begraben hatte. Die europäische Reaktion, die preußisch-junkerliche in erster Linie, ist es, die jetzt der Hort des russischen Absolutismus ist. An ihr hält er sich noch aufrecht, in ihr kann er tödlich getroffen werden. Die Schicksale der russischen Revolution sollten das bestätigen.

Die Revolution wurde niedergeschlagen. Aber gerade die Ursachen ihres vorläufigen Scheiterns sind, wenn man in sie etwas tiefer hineinblickt, lehrreich für die Stellung der deutschen Sozialdemokratie im heutigen Kriege. Zwei Ursachen können uns die Niederlage der russischen Erhebung im Jahre 1905/1906 trotz ihres beispiellosen Aufwands an revolutionärer Kraft, Zielklarheit und Zähigkeit erklären. Die eine liegt im inneren Charakter der Revolution selbst: in ihrem enormen geschichtlichen Programm, in der Masse von ökonomischen und politischen Problemen, die sie wie vor einem Jahrhundert die große französische Revolution aufgerollt hat und von denen einige, wie die Agrarfrage, überhaupt im Rahmen der heutigen Gesellschaftsordnung nicht zu lösen sind; in der Schwierigkeit, eine moderne Staatsform für die Klassenherrschaft der Bourgeoisie gegen den konterrevolutionären Widerstand der gesamten Bourgeoisie des Reiches zu schaffen.

Von hier aus gesehen, scheiterte die russische Revolution, weil sie eben eine proletarische Revolution mit bürgerlichen Aufgaben, oder wenn man will, eine bürgerliche Revolution mit proletarisch-sozialistischen Kampfmitteln, ein Zusammenstoß zweier Zeitalter unter Blitz und Donner war, eine Frucht sowohl der verspäteten Entwicklung der Klassenverhältnisse in Rußland wie deren Überreife in Westeuropa. Von hier aus gesehen, ist auch ihre Niederlage im Jahre 1906 nicht ihr Bankrott, sondern bloß ein natürlicher Abschluß des ersten Kapitels, dem weitere mit der Notwendigkeit eines Naturgesetzes folgen müssen. Die zweite Ursache war wieder äußerer Natur: sie lag in Westeuropa. Die europäische Reaktion eilte wieder ihrem bedrängten Schützling zu Hilfe. Noch nicht mit Pulver und Blei, obwohl »deutsche Gewehrkolben« bereits 1905 in »deutschen Fäusten« nur auf einen Wink aus Petersburg warteten, um nach dem benachbarten Polen einzuschreiten. Aber mit Hilfsmitteln, die ebenso wirksam waren: mit finanziellen Subsidien und mit politischen Allianzen griff man dem Zarismus unter die Arme. Für französisches Geld schaffte er sich die Kartätschen an, mit denen er die russischen Revolutionäre niederschlug, und aus Deutschland bezog er die moralische und politische Stärkung, um aus der Tiefe der Schmach heraufzuklettern, in die ihn die japanischen Torpedos und die russischen Proletarierfäuste hinabgestoßen hatten. 1910 in Potsdam empfing das offizielle Deutschland den russischen Zarismus mit offenen Armen. Der Empfang des Blutbesudelten vor den Toren der deutschen Reichshauptstadt war nicht bloß der Segen Deutschlands über die Erwürgung Persiens, sondern vor allem über die Henkerarbeit der russischen Konterrevolution, war das offizielle Bankett der deutschen und europäischen »Kultur« auf dem vermeintlichen Grabe der russischen Revolution. Und merkwürdig! Damals, als sie diesem herausfordernden Leichenschmaus auf den Hekatomben der russischen Revolution in ihrem eigenen Heim beiwohnte, schwieg die deutsche Sozialdemokratie vollständig und hatte das »Vermächtnis unserer Altmeister« aus dem Jahre 1848 total vergessen. Während zu Beginn des Krieges, seit es die Polizei erlaubt, das kleinste Parteiblatt sich in blutigen Ausdrücken gegen den Henker der russischen Freiheit berauschte, hat 1910, als der Henker in Potsdam gefeiert wurde, kein Ton, keine Protestaktion, kein Artikel die Solidarität mit der russischen Freiheit bekundet, gegen die Unterstützung der russischen Konterrevolution ein Veto eingelegt. Und doch hat gerade die Triumphreise des Zaren 1910 in Europa besser als alles andere enthüllt, daß die niedergeschlagenen russischen Proletarier nicht bloß Opfer der heimatlichen Reaktion, sondern auch der westeuropäischen sind, daß sie sich heute genau wie 1848 nicht bloß gegen die Reaktion im eigenen Lande, sondern auch gegen ihren »Hort« im Auslande die Schädel blutig rennen.

Doch der lebendige Born der revolutionären Energie im russischen Proletariat ist so unerschöpflich wie der Kelch seiner Leiden unter dem doppelten Knutenregiment des Zarismus und des Kapitals. Nach einer Periode des unmenschlichen Kreuzzugs der Konterrevolution begann die revolutionäre Gärung von neuem. Seit 1911, seit der Lena-Metzelei raffte sich die Arbeitermasse wieder zum Kampfe auf, die Flut begann zu steigen und zu schäumen. Die ökonomischen Streiks umfaßten in Rußland nach den offiziellen Berichten 1910 46.623 Arbeiter und 256.385 Tage, 1911 96.730 Arbeiter und 768.556 Tage, in den ersten 5 Monaten 1912 98.771 Arbeiter und 1.214.881 Tage. Die politischen Massenstreiks, Protestaktionen, Demonstrationen umfaßten 1912 1.005.000 Arbeiter, 1913 1.272.000. Im Jahre 1914 stieg die Flut mit dumpfem Murmeln immer drohender und höher. Am 22. Januar, zur Feier des Revolutionsbeginns, gab es einen Demonstrationsmassenstreik von 200.000 Arbeitern. Im Juni schlug, ganz wie vor dem Ausbruch der Revolution von 1905, die große Stichflamme im Kaukasus, in Baku, in die Höhe. 40.000 Arbeiter standen hier im Massenstreik. Die Flamme sprang sofort nach Petersburg über: am 17. Juli streikten hier 80.000, am 20. Juli 200.000 Arbeiter, am 23. Juli begann der Generalstreik sich auf das ganze russische Reich auszubreiten, Barrikaden wurden bereits errichtet, die Revolution war auf dem Marsche ... Noch einige Monate, und sie zog sicher mit wehenden Fahnen ein. Noch einige Jahre, und sie konnte vielleicht den Zarismus so lahmlegen, daß er zu dem für 1916 geplanten imperialistischen Tanz aller Staaten nicht mehr hätte dienen können. Vielleicht wäre dadurch die ganze weltpolitische Konstellation geändert, dem Imperialismus ein Strich durch die Rechnung gemacht.

Aber die deutsche Reaktion machte umgekehrt wieder einen Strich durch die revolutionären Rechnungen der russischen Bewegung. Von Wien und Berlin wurde der Krieg entfesselt, und er begrub die russische Revolution unter den Trümmern - vielleicht wieder für Jahre. »Die deutschen Gewehrkolben« zerschmetterten nicht den Zarismus, sondern seinen Widersacher. Sie halfen dem Zarismus zu dem populärsten Krieg, den Rußland seit einem Jahrhundert hatte. Alles wirkte diesmal für den moralischen Nimbus der russischen Regierung: die für jedermann außerhalb Deutschlands sichtbare Provokation des Krieges durch Wien und Berlin, der »Burgfrieden« in Deutschland und das durch ihn entfesselte Delirium des Nationalismus, das Schicksal Belgiens, die Notwendigkeit, der französischen Republik beizuspringen – nie hatte der Absolutismus eine so unerhört günstige Stellung in einem europäischen Kriege. Die hoffnungsvoll aufflatternde Fahne der Revolution ging im wilden Strudel des Krieges unter – aber sie sank mit Ehren, und sie wird wieder aus dem wüsten Gemetzel aufflattern – trotz der »deutschen Gewehrkolben«, trotz Sieg und trotz Niederlage des Zarismus auf den Schlachtfeldern.

Auch die nationalen Aufstände in Rußland versagten. Die »Nationen« haben sich offenbar durch die Befreiermission der Hindenburgschen Kohorten weniger ködern lassen, als die deutsche Sozialdemokratie. Die Juden, ein praktisches Volk wie sie sind, mochten sich das einfache Rechenexempel an den Fingern abzählen, daß die »deutschen Fäuste«, die es nicht einmal fertiggebracht haben, ihre eigene preußische Reaktion, zum Beispiel das Dreiklassenwahlrecht, zu »zerschmettern«, wohl wenig tauglich sind, den russischen Absolutismus zu zerschmettern. Die Polen, der dreifachen Hölle des Krieges preisgegeben, konnten zwar ihren »Befreiern« aus Wreschen, wo polnischen Kindern das deutsche Vaterunser mit blutigen Striemen auf den Körper eingebläut wurde, und aus den preußischen Ansiedlungskommissionen auf die verheißende Heilbotschaft nicht laut antworten; sie dürften aber im stillen den deutschen Kernspruch Götz von Berlichingens in ein noch kernigeres Polnisch übersetzt haben. Alle: Polen, Juden wie Russen, haben wohl gar bald die einfache Wahrnehmung gemacht, daß »deutsche Gewehrkolben«, mit denen man ihnen die Schädel zerschmettert, ihnen nicht die Freiheit, sondern den Tod bringen.

Die Befreiungslegende der deutschen Sozialdemokratie mit dem Vermächtnis von Marx in diesem Kriege ist aber mehr als ein übler Spaß: sie ist eine Frivolität. Für Marx war die russische Revolution eine Weltwende. Alle seine politischen und geschichtlichen Perspektiven waren an den Vorbehalt geknüpft: »sofern nicht inzwischen in Rußland die Revolution ausbricht«. Marx glaubte an die russische Revolution und erwartete sie, selbst als er noch das leibeigene Rußland vor den Augen hatte. Die Revolution war inzwischen gekommen. Sie hatte nicht auf den ersten Schlag gesiegt, aber sie ist nicht mehr zu bannen, sie steht auf der Tagesordnung, sie richtete sich gerade wieder auf. Und da rücken plötzlich deutsche Sozialdemokraten mit »deutschen Gewehrkolben« an und erklären die russische Revolution für null und nichtig, sie streichen sie aus der Geschichte. Sie haben plötzlich die Register von 1848 hervorgezogen: Es lebe der Krieg gegen Rußland! Aber im Jahre 1848 war in Deutschland Revolution, in Rußland starre, hoffnungslose Reaktion. Im Jahre 1914 hingegen hatte

Rußland die Revolution im Leibe, in Deutschland aber herrschte das preußische Junkertum. Nicht von deutschen Barrikaden, wie Marx 1848 voraussetzte, sondern direkt aus dem Pandurenkeller, wo sie ein kleiner Leutnant eingesperrt hielt, rückten die deutschen »Befreier Europas« zu ihrer Kulturmission gegen Rußland aus! Sie rückten aus – brüderlich umarmt, ein einig Volk, mit dem preußischen Junkertum, das der stärkste Hort des russischen Zarismus ist; mit den Ministern und Staatsanwälten von Königsberg »burgfriedlich« umarmt- rückten sie gegen den Zarismus aus und schmetterten die »Gewehrkolben«- den russischen Proletariern auf den Schädel! ...

Eine blutigere historische Posse, eine brutalere Verhöhnung der russischen Revolution und des Vermächtnisses von Marx läßt sich kaum denken. Sie bildet die dunkelste Episode in dem politischen Verhalten der Sozialdemokratie während des Krieges.

Eine Episode sollte nämlich die Befreiung der europäischen Kultur doch nur werden. Die unbequeme Maske wurde von dem deutschen Imperialismus gar bald gelüftet, die Front wendete sich offen gegen Frankreich und namentlich gegen England. Ein Teil der Parteipresse machte auch diese Wendung hurtig mit. Sie begann statt des Blutzaren das perfide Albion und seinen Krämergeist der allgemeinen Verachtung preiszugeben und die Kultur Europas statt von dem russischen Absolutismus von der englischen Seeherrschaft zu befreien. Die heillos verworrene Situation, in die sich die Partei begeben hat, konnte sich indes nicht greller äußern, als in den krampfhaften Versuchen des besseren Teils der Parteipresse, der, erschreckt durch die reaktionäre Front, sich partout bemühte, den Krieg auf das ursprüngliche Ziel zurückzudrängen, ihn auf das »Vermächtnis unserer Meister« festzunageln- das heißt auf einen Mythus, den sie selbst, die Sozialdemokratie, geschaffen hatte. »Mit schwerem Herzen habe ich meine Armee gegen einen Nachbar mobilisieren müssen, mit dem sie auf so vielen Schlachtfeldern gemeinsam gefochten hat. Mit aufrichtigem Leid sah ich eine von Deutschland treu bewahrte Freundschaft zerbrechen.« Das war schlicht, offen und ehrlich. Die sozialdemokratische Fraktion und die Presse hatte dies in einen Artikel der »Neuen Rheinischen Zeitung« umstilisiert. Als nun die Rhetorik der ersten Kriegswochen durch den prosaischen Lapidarstil des Imperialismus weggescheucht wurde, löste sich die einzige schwache Erklärung für die Haltung der deutschen Sozialdemokratie in Dunst auf.

VI.

Die Einstellung des Klassenkampfes

Die andere Seite in der Haltung der Sozialdemokratie war die offizielle Annahme des Burgfriedens, das heißt die Einstellung des Klassenkampfes für die Dauer des Krieges. Die im Reichstag am 4. August verlesene Fraktionserklärung war selbst der erste Akt dieser Preisgabe des Klassenkampfes: ihr Wortlaut war im voraus mit den Vertretern der Reichsregierung und der bürgerlichen Parteien vereinbart, der feierliche Akt des 4. August war ein hinter den Kulissen vorbereitetes patriotisches Schaustück fürs Volk und für das Ausland, in dem die Sozialdemokratie bereits die von ihr übernommene Rolle neben anderen Teilnehmern spielte.

Die Bewilligung der Kredite durch die Fraktion gab das Stichwort allen leitenden Instanzen der Arbeiterbewegung. Die Gewerkschaftsführer veranlaßten sofort die Einstellung aller Lohnkämpfe und teilten dies ausdrücklich unter Berufung auf die patriotischen Pflichten des Burgfriedens den Unternehmern offiziell mit. Der Kampf gegen die kapitalistische Ausbeutung wurde für die Dauer des Krieges freiwillig aufgegeben. Dieselben Gewerkschaftsführer übernahmen die Lieferung städtischer Arbeitskräfte an die Agrarier, um ihnen die ungestörte Einholung der Ernte zu sichern. Die Leitung der sozialdemokratischen Frauenbewegung proklamierte die Vereinigung mit bürgerlichen Frauen zum gemeinsamen »nationalen Frauendienst«, um die wichtigste nach der

Mobilmachung im Lande gebliebene Arbeitskraft der Partei statt zur sozialdemokratischen Agitation zu nationalen Samariterdiensten, wie Verteilung von Suppen, Erteilung von Rat usw. zu kommandieren. Unter dem Sozialistengesetz hatte die Partei am meisten die Parlamentswahlen ausgenützt, um allen Belagerungszuständen und Verfolgungen der sozialdemokratischen Presse zum Trotz Aufklärung zu verbreiten und ihre Position zu behaupten. Jetzt verzichtete die Sozialdemokratie bei den Parlamentsnachwahlen zum Reichstag, den Landtagen und den Kommunalvertretungen offiziell auf jeden Wahlkampf, das heißt auf jede Agitation und Aufklärung im Sinne des proletarischen Klassenkampfes, und reduzierte die Parlamentswahlen auf ihren schlichten bürgerlichen Inhalt: auf die Einheimsung von Mandaten, über die sie sich mit den bürgerlichen Parteien schiedlich-friedlich einigte. Die Zustimmung der sozialdemokratischen Vertreter zu dem Etat in den Landtagen und Kommunalvertretungen- mit Ausnahme des preußischen und elsaß-lothringischen Landtags – , unter feierlicher Berufung auf den Burgfrieden unterstrich den schroffen Bruch mit der Praxis vor dem Kriegsausbruch. Die sozialdemokratische Presse, mit höchstens ein paar Ausnahmen, erhob laut das Prinzip der nationalen Einigkeit zum Lebensinteresse des deutschen Volkes. Sie warnte gleich bei Ausbruch des Krieges vor dem Zurückziehen der Guthaben aus den Sparkassen, wodurch sie nach Kräften die Beunruhigung des ökonomischen Lebens im Lande verhütete und die hervorragende Heranziehung der Sparkassen zu den Kriegsanleihen sicherte; sie warnte die Proletarierinnen davor, ihren Männern im Felde von ihrer und ihrer Kinder Not, von der ungenügenden Versorgung durch den Staat zu berichten, und riet ihnen, auf die Krieger lieber durch Schilderungen holden Familienglücks »und durch freundliche Darstellung der Hilfe, die bisher gewährt wurde, beruhigend und erhebend zu wirken« [10].

Sie pries die erzieherische Arbeit der modernen Arbeiterbewegung als hervorragendes Hilfsmittel der Kriegführung, zum Beispiel in folgendem klassischen Probestück:

»Wahre Freunde erkennt man nur in der Not. Dieses alte Sprichwort wird im Augenblick zum Wahrwort. Die drangsalierten, gehudelten und gebüttelten Sozialdemokraten treten wie ein Mann auf zum Schutze der Heimat, und die deutschen Gewerkschaftszentralen, denen man in Preußen-Deutschland das Leben oft so sauer machte, sie berichten übereinstimmend, daß ihre besten Leute sich bei der Fahne befinden. Sogar Unternehmerblätter vom Schlage des Generalanzeiger melden diese Tatsache und bemerken dazu, sie seien überzeugt, daß ‚diese Leute' ihre Pflicht erfüllen werden wie andere, und daß dort, wo sie stehen, die Hiebe vielleicht am dichtesten fallen werden.

Wir aber sind der Überzeugung, daß unsere geschulten Gewerkschafter noch mehr können als ‚dreinhauen'. Mit den modernen Massenheeren ist das Kriegführen für die Generale nicht etwa leichter geworden, das moderne Infanteriegeschoß, mit dem man beinahe bis auf 3.000 Meter, sicher aber bis auf 2.000 Meter noch ‚Treffer' erzielen kann, macht es den Heerführern ganz unmöglich, große Truppenverbände in geschlossener Marschkolonne vorwärts zu bringen. Da muß vorzeitig ‚auseinandergezogen' werden, und dieses Auseinanderziehen erfordert wieder eine viel größere Zahl von Patrouillen und eine solche Disziplin und Klarheit des Blickes nicht nur bei den Abteilungen, sondern auch beim einzelnen Mann, daß sich in diesem Kriege wirklich zeigen wird, wie erzieherisch die Gewerkschaften

10 Siehe den Artikel des Nürnberger Parteiorgans, nachgedruckt im Hamburger »Echo« vom 6. Oktober 1914.

gewirkt haben und wie gut man sich auf diese Erziehung in so schlimmen Tagen wie den jetzigen verlassen kann. Der russische und der französische Soldat mögen Wunder an Tapferkeit vollbringen, in der kühlen ruhigen Überlegung wird ihnen der deutsche Gewerkschafter über sein. Wozu noch kommt, daß die organisierten Leute oft in den Grenzgebieten Weg und Steg wie ihre Hosentasche kennen daß manche Gewerkschaftsbeamte auch über Sprachkenntnisse verfügen usw. Wenn es also anno 1866 hieß, der Vormarsch der preußischen Truppen sei ein Sieg des Schulmeisters gewesen, so wird man diesmal von einem Sieg des Gewerkschafsbeamten reden können.« (»Frankfurter Volksstimme« vom 18. August 1914.)

Das theoretische Organ der Partei, »Die Neue Zeit« (Nr. 23 vom 25. September 1914), erklärte: »Solange die Frage bloß lautet ob Sieg oder Niederlage, drängt sie alle anderen Fragen zurück, sogar die nach Zweck des Krieges. Also erst recht alle Unterschiede der Parteien, Klassen, Nationen innerhalb des Heeres und der Bevölkerung.« Und in ihrer Nr. 8 vom 27. November 1914 erklärte dieselbe »Neue Zeit« in einem Artikel »Die Grenzen der Internationale«: »Der Weltkrieg spaltet die Sozialisten in verschiedene Lager und vorwiegend in verschiedene nationale Lager. Die Internationale ist unfähig, das zu verhindern. Das heißt, sie ist kein wirksames Werkzeug im Kriege, sie ist im wesentlichen ein Friedensinstrument.« Ihre »große historische Aufgabe« sei »Kampf für den Frieden, Klassenkampf im Frieden«.

Der Klassenkampf ist also von der Sozialdemokratie mit dem 4. August 1914 und bis zum künftigen Friedensschluß für nicht existierend erklärt. Deutschland verwandelte sich mit dem ersten Donner der Kruppkanonen in Belgien in ein Wunderland der Klassensolidarität und der gesellschaftlichen Harmonien.

Wie soll man sich dies Wunder eigentlich vorstellen? Der Klassenkampf ist bekanntlich nicht eine Erfindung, nicht eine freie Schöpfung der Sozialdemokratie um von ihr beliebig und aus freien Stücken für gewisse Zeitperioden abgestellt werden zu können. Der proletarische Klassenkampf ist älter als die Sozialdemokratie; ein elementares Produkt der Klassengesellschaft, lodert er schon mit dem Einzug des Kapitalismus in Europa auf. Nicht die Sozialdemokratie hat erst das moderne Proletariat zum Klassenkampf angeleitet, sie ist vielmehr selbst von ihm ins Leben gerufen worden, um Zielbewußtsein und Zusammenhang in die verschiedenen örtlichen und zeitlichen Fragmente des Klassenkampfes zu bringen. Was hat sich nun daran mit dem Ausbruch des Krieges geändert? Hat etwa Privateigentum, kapitalistische Ausbeutung, Klassenherrschaft aufgehört? Haben etwa die Besitzenden in der Aufwallung des Patriotismus erklärt: jetzt, angesichts des Krieges, geben wir für seine Dauer die Produktionsmittel: Grund und Boden, Fabriken, Werke in den Besitz der Allgemeinheit, verzichten auf die alleinige Nutznießung der Güter, schaffen alle politischen Privilegien ab und opfern sie auf dem Altar des Vaterlandes, solange es in Gefahr ist? Die Hypothese ist höchst abgeschmackt und gemahnt an die Kinderfibel. Und doch wäre dies die einzige Voraussetzung, auf die logisch die Erklärung der Arbeiterklasse hätte folgen können: der Klassenkampf wird eingestellt. Aber es erfolgte natürlich nichts derartiges. Im Gegenteil: alle Eigentumsverhältnisse, die Ausbeutung, die Klassenherrschaft, selbst die politische Entrechtung in ihrer mannigfachen preußisch-deutschen Gestalt sind intakt geblieben. An der ökonomischen, sozialen und politischen Struktur Deutschlands hat der Donner der Kanonen in Belgien und Ostpreußen nicht das geringste geändert.

Die Aufhebung des Klassenkampfes war also eine ganz einseitige Maßnahme. Während der »innere Feind« der

Arbeiterklasse, die kapitalistische Ausbeutung und Unterdrückung, geblieben ist, haben die Führer der Arbeiterklasse: Sozialdemokratie und Gewerkschaften, in patriotischem Großmut die Arbeiterklasse diesem Feinde für die Dauer des Krieges kampflos ausgeliefert. Während die herrschenden Klassen in voller Rüstung ihrer Besitzer- und Herrscherrechte blieben, wurde dem Proletariat von der Sozialdemokratie die »Abrüstung« anbefohlen.

Das Wunder der Klassenharmonie, der Verbrüderung aller Schichten in einer modernen bürgerlichen Gesellschaft hat man schon einmal erlebt- im Jahre 1848 in Frankreich.

»In der Idee der Proletarier« – schreibt Marx in seinen »Klassenkämpfen in Frankreich« – , »welche die Finanzaristokratie mit der Bourgeoisie überhaupt verwechselten; in der Einbildung republikanischer Biedermänner, welche die Existenz selbst der Klassen leugneten oder höchstens als Folge der konstitutionellen Monarchie zugaben; in den heuchlerischen Phrasen der bisher von der Herrschaft ausgeschlossenen bürgerlichen Fraktionen war die Herrschaft der Bourgeoisie abgeschafft mit der Einführung der Republik. Alle Royalisten verwandelten sich damals in Republikaner und alle Millionäre von Paris in Arbeiter. Die Phrase, welche dieser eingebildeten Aufhebung der Klassenverhältnisse entsprach, war die fraternité, die allgemeine Verbrüderung und Brüderschaft. Diese gemütliche Abstraktion von den Klassengegensätzen, diese sentimentale Ausgleichung der sich widersprechenden Klasseninteressen, diese schwärmerische Erhebung über den Klassenkampf, die Fraternité, sie war das eigentliche Stichwort der Februarrevolution ... Das Pariser Proletariat schwelgte in diesem großmütigen Fraternitätsrausche ... Das Pariser Proletariat, das in der Republik seine eigene Schöpfung erkannte, akklamierte natürlich jedem Akt der provisorischen Regierung, der sie leichter in der bürgerlichen Gesellschaft Platz greifen ließ. Von Caussidière ließ es sich willig zu Polizeidiensten verwenden, um das Eigentum in Paris zu beschützen, wie es die Lohnzwiste zwischen Arbeitern und Meistern von Louis Blanc schlichten ließ. Es war sein Point d'honneur, vor den Augen von Europa die bürgerliche Ehre der Republik unangetastet zu lassen.«

Im Februar 1848 hatte also das Pariser Proletariat in naiver Illusion auch den Klassenkampf abgestellt, aber wohlgemerkt nachdem es durch seine revolutionäre Aktion die Julimonarchie zerschmettert und die Republik erzwungen hatte. Der 4. August 1914, das war die auf den Kopf gestellte Februarrevolution: Die Aufhebung der Klassengegensätze nicht unter der Republik, sondern unter der Militärmonarchie, nicht nach einem Siege des Volkes über die Reaktion, sondern nach einem Siege der Reaktion über das Volk, nicht bei der Proklamierung der Liberté, Egalité, Fraternité, sondern bei der Proklamierung des Belagerungszustands, Erdrosselung der Preßfreiheit und Aufhebung der Verfassung. Die Regierung proklamierte feierlich den Burgfrieden und nahm den Handschlag aller Parteien darauf, ihn ehrlich einzuhalten. Aber als erfahrener Politiker traute sie dem Versprechen nicht recht und sicherte sich den »Burgfrieden« – durch handgreifliche Mittel der Militärdiktatur. Die sozialdemokratische Fraktion akzeptierte auch das ohne jeden Protest und Widerstand.

Nicht mit einer Silbe verwahrte sich die Reichstagserklärung der Fraktion vom 4. August und auch die vom 2. Dezember gegen die Ohrfeige des Belagerungszustands. Mit dem Burgfrieden und den Kriegskrediten bewilligte die Sozialdemokratie stillschweigend den Belagerungszustand, der sie selbst geknebelt den herrschenden Klassen vor die Füße legte. Damit erkannte sie zugleich an, daß zur Verteidigung des Vaterlandes der Belagerungszustand, die Knebelung des Volkes, die Militärdiktatur notwendig seien.

Aber der Belagerungszustand war gegen niemand anderen als gegen die Sozialdemokratie gerichtet. Nur von ihrer Seite konnte man Widerstand, Schwierigkeiten und Protestaktionen gegen den Krieg erwarten. Im gleichen Atem, wo man unter Zustimmung der Sozialdemokratie den Burgfrieden, also Aufhebung der Klassengegensätze proklamierte, wurde sie selbst, die Sozialdemokratie, in Belagerungszustand erklärt, gegen die Arbeiterklasse der Kampf in seiner schärfsten Gestalt, in der Form der Militärdiktatur proklamiert. Als Frucht ihrer Kapitulation erhielt die Sozialdemokratie, was sie im schlimmsten Falle einer Niederlage bei entschlossenem Widerstand erhalten hätte: den Belagerungszustand! Die feierliche Erklärung der Reichstagsfraktion beruft sich zur Begründung der Kreditbewilligung auf das sozialistische Prinzip: das Selbstbestimmungsrecht der Nationen. Der erste Schritt der »Selbstbestimmung« der deutschen Nation in diesem Kriege war die Zwangsjacke des Belagerungszustands, in die man die Sozialdemokratie steckte. Eine größere Selbstverhöhnung einer Partei hat die Geschichte wohl kaum je gesehen.

Mit der Annahme des Burgfriedens hat die Sozialdemokratie für die Dauer des Krieges den Klassenkampf verleugnet. Aber damit verleugnete sie die Basis der eigenen Existenz, der eigenen Politik. Was ist jeder ihrer Atemzüge sonst als Klassenkampf? Welche Rolle konnte sie nun während der Dauer des Krieges spielen, nachdem sie ihr Lebensprinzip: den Klassenkampf, preisgegeben hatte? Mit der Verleugnung des Klassenkampfes gab sich die Sozialdemokratie für die Dauer des Krieges selbst den Laufpaß als aktive politische Partei, als Vertreterin der Arbeiterpolitik. Damit schlug sie sich aber auch ihre wichtigste Waffe aus der Hand: die Kritik des Krieges vom besonderen Standpunkt der Arbeiterklasse. Sie überließ die »Vaterlandsverteidigung« den herrschenden Klassen und begnügte sich damit, die Arbeiterklasse unter deren Kommando zu stellen und für die Ruhe unter dem Belagerungszustand zu sorgen, das heißt die Rolle des Gendarmen der Arbeiterklasse zu spielen.

Durch ihre Haltung hat die Sozialdemokratie aber auch noch weit über die Dauer des heutigen Krieges hinaus die Sache der deutschen Freiheit, für die nach der Fraktionserklärung die Kruppkanonen jetzt sorgen, aufs schwerste gefährdet. In den führenden Kreisen der Sozialdemokratie wird viel auf die Aussicht gebaut, daß der Arbeiterklasse nach dem Kriege eine bedeutende Erweiterung demokratischer Freiheiten, daß ihr bürgerliche Gleichberechtigung als Lohn für ihr vaterländisches Verhalten im Kriege verliehen werden würde. Aber noch nie in der Geschichte sind beherrschten Klassen politische Rechte als Trinkgeld für ihr den herrschenden Klassen genehmes Verhalten von diesen verliehen worden. Im Gegenteil ist die Geschichte mit Beispielen des schnöden Wortbruchs der Herrschenden selbst in solchen Fällen gesät, wo feierliche Versprechungen vor dem Kriege gemacht worden waren. In Wirklichkeit hat die Sozialdemokratie durch ihr Verhalten nicht die künftige Erweiterung der politischen Freiheiten in Deutschland gesichert, sondern die vor dem Kriege besessenen erschüttert. Die Art und Weise, wie in Deutschland die Aufhebung der Preßfreiheit, der Versammlungsfreiheit, des öffentlichen Lebens, wie der Belagerungszustand nun lange Monate ohne jeden Kampf, ja mit teilweisem Beifall gerade von sozialdemokratischer Seite[11] ertragen wird, ist beispiellos in der Geschichte der modernen Gesellschaft.

11 Die »Chemnitzer Volksstimme« schrieb am 21. Oktober 1914: »Jedenfalls ist die Militärzensur in Deutschland im ganzen genommen anständiger und vernünftiger als in Frankreich oder England. Das Geschrei über die Zensur, hinter dem sich vielfach der Mangel an fester Stellungnahme zum Kriegsproblem verbirgt, hilft nur Deutschlands Feinden die Lüge

In England herrscht völlige Preßfreiheit, in Frankreich ist die Presse nicht entfernt derart geknebelt wie in Deutschland. In keinem Lande ist die öffentliche Meinung derart völlig verschwunden, einfach durch die offiziöse »Meinung«, durch den Befehl der Regierung ersetzt wie in Deutschland. Auch in Rußland kennt man bloß den verheerenden Rotstift des Zensors, der die oppositionelle Meinung vertilgt, gänzlich unbekannt ist dagegen die Einrichtung, daß die oppositionelle Presse von der Regierung gelieferte fertige Artikel abdrucken, daß sie in eigenen Artikeln bestimmte Auffassungen vertreten muß, die ihr von Regierungsbehörden in »vertraulichen Besprechungen mit der Presse« diktiert und anbefohlen werden. Auch in Deutschland selbst war während des Krieges von 1870 nichts dem heutigen Zustand ähnliches erlebt worden. Die Presse erfreute sich unbeschränkter Freiheit und begleitete die Kriegsereignisse zum lebhaften Verdruß Bismarcks mit teilweise scharfen Kritiken sowie mit einem munteren Kampf der Meinungen, namentlich auch über Kriegsziele, Annexionsfragen, Verfassungsfragen usw. Als aber Johann Jacoby verhaftet wurde, da ging ein Sturm der Entrüstung durch Deutschland, und Bismarck hat selbst das dreiste Attentat der Reaktion als einen schweren Mißgriff abgeschüttelt. Das war die Lage in Deutschland, nachdem Bebel und Liebknecht im Namen der deutschen Arbeiterklasse jede Gemeinschaft mit den herrschenden Hurrapatrioten schroff abgelehnt hatten. Und es mußte erst die vaterländische Sozialdemokratie mit ihren 4 1/4 Millionen Wählern, das rührende Versöhnungsfest des Burgfriedens und die Zustimmung der sozialdemokratischen Fraktion

verbreiten, als sei Deutschland ein zweites Rußland. Wer ernsthaft glaubt, unter der jetzigen Militärzensur nicht nach seiner Gesinnung schreiben zu können, der lege die Feder aus der Hand und schweige.«

zu den Kriegskrediten kommen, damit über Deutschland die härteste Militärdiktatur verhängt wurde, die je ein mündiges Volk über sich hat ergehen lassen. Daß derartiges heute in Deutschland möglich, ja nicht nur von der bürgerlichen, sondern von der hoch entwickelten und einflußreichen sozialdemokratischen Presse völlig kampflos, ohne jeden Versuch eines namhaften Widerstandes hingenommen wird, diese Tatsache ist für die Schicksale der deutschen Freiheit von verhängnisvollster Bedeutung. Sie beweist, daß die Gesellschaft in Deutschland für die politischen Freiheiten heute in sich selbst keine Grundlagen hat, da sie die Freiheit so leicht und ohne jede Reibung entbehren kann. Vergessen wir nicht, daß das kümmerliche Maß an politischen Rechten, das im Deutschen Reich vor dem Kriege bestand, nicht wie in Frankreich und England eine Frucht großer und wiederholter revolutionärer Kämpfe und durch deren Tradition im Leben des Volkes fest verankert ist, sondern das Geschenk der Bismarckschen Politik nach einer über zwei Jahrzehnte dauernden, siegreichen Konterrevolution. Die deutsche Verfassung war nicht auf Revolutionsfeldern gereift, sondern in dem diplomatischen Spiel der preußischen Militärmonarchie als das Zement, womit diese Militärmonarchie zum heutigen Deutschen Reich ausgebaut wurde. Die Gefahren für die »freiheitliche Entwicklung Deutschlands« liegen nicht, wie die Reichstagsfraktion meinte, in Rußland, sie liegen in Deutschland selbst. Sie liegen in diesem besonderen konterrevolutionären Ursprung der deutschen Verfassung, sie liegen in jenen reaktionären Machtfaktoren der deutschen Gesellschaft, die seit der Gründung des Reiches einen ständigen stillen Krieg gegen die kümmerliche »deutsche Freiheit« geführt haben; und das sind: das ostelbische Junkertum, das großindustrielle Scharfmachertum, das stockreaktionäre Zentrum, die Verlumpung des deutschen Liberalismus, das persönliche Regiment und die aus alle den Faktoren zusammen hervorgegangene Säbelherrschaft, der Zabernkurs, der just vor dem Kriege in Deutschland Triumphe feierte. Das sind die wirklichen Gefahren für die Kultur und »freiheitliche Entwicklung« Deutschlands. Und alle jene Faktoren stärkt jetzt der Krieg, der Belagerungszustand und die Haltung der Sozialdemokratie in höchstem Maße. Es gibt freilich eine echt liberale Ausrede für die heutige Kirchhofsruhe in Deutschland: das sei ja nur »zeitweiliger« Verzicht für die Dauer des Krieges. Aber ein politisch reifes Volk kann so wenig »zeitweilig« auf die politischen Rechte und das öffentliche Leben verzichten, wie ein lebender Mensch auf das Luftatmen »verzichten« kann. Ein Volk, das durch sein Verhalten zugibt, während des Krieges sei Belagerungszustand notwendig, hat damit zugegeben, die politische Freiheit sei überhaupt entbehrlich. Die duldende Zustimmung der Sozialdemokratie zum heutigen Belagerungszustand – und ihre Kreditbewilligung ohne jeden Vorbehalt wie die Annahme des Burgfriedens bedeutet nichts anderes – , muß im gleichen Maße auf die Volksmassen, diese einzige Stütze der Verfassung in Deutschland, demoralisierend wirken, wie sie auf die herrschende Reaktion, den Feind der Verfassung, ermutigend und stärkend wirkt.

Durch den Verzicht auf den Klassenkampf hat sich unsere Partei aber zugleich eine wirksame Beeinflussung der Dauer des Krieges und der Gestaltung des Friedensschlusses abgeschnitten. Und hier schlug sie ihrer eigenen offiziellen Erklärung ins Gesicht. Eine Partei, die sich feierlich verwahrte gegen alle Annexionen, das heißt gegen unvermeidliche logische Konsequenzen des imperialistischen Krieges, sofern er militärisch glücklich verläuft, lieferte zugleich durch Annahme des Burgfriedens alle Mittel und Waffen aus, die geeignet wären, die Volksmassen, die öffentliche Meinung in ihrem Sinne zu mobilisieren, durch sie einen wirksamen Druck auszuüben und so den Krieg zu kontrollieren, den Frieden zu beeinflussen. Umgekehrt. Indem sie durch den Burgfrieden dem Militarismus Ruhe im Rücken sicherte, erlaubte ihm die Sozialdemokratie, ohne jede Rücksicht auf andere Interessen als die der herrschenden Klassen seinen Bahnen zu folgen, entfesselte sie seine ungezügelten inneren imperialistischen Tendenzen, die grade nach Annexion streben und zu Annexionen führen müssen. Mit andern Worten: die Sozialdemokratie verurteilte durch die Annahme des Burgfriedens und die politische Entwaffnung der Arbeiterklasse ihre eigene feierliche Verwahrung gegen jede Annexion dazu, eine ohnmächtige Phrase zu bleiben.

Aber damit ist noch ein anderes erreicht: die Verlängerung des Krieges! Und hier ist es mit Händen zu greifen, welcher gefährliche Fallstrick für die proletarische Politik in dem jetzt geläufigen Dogma liegt: unser Widerstand gegen den Krieg könne nur solange geboten werden, als erst Kriegsgefahr bestehe. Ist der Krieg da, dann sei die Rolle der sozialdemokratischen Politik ausgespielt, dann heiße es nur noch: Sieg oder Niederlage, das heißt der Klassenkampf höre für die Dauer des Krieges auf. In Wirklichkeit beginnt für die Politik der Sozialdemokratie die größte Aufgabe nach dem Ausbruch des Krieges. Die unter einmütiger Zustimmung der deutschen Partei- und Gewerkschaftsvertreter angenommene Resolution des Stuttgarter Internationalen Kongresses von 1907, die in Basel 1912 nochmals bestätigt wurde, besagt:

»Falls der Krieg dennoch ausbrechen sollte, ist es die Pflicht der Sozialdemokratie, für dessen rasche Beendigung einzutreten und mit allen Kräften dahin zu streben, die durch den Krieg herbeigeführte wirtschaftliche und politische Krise zur Aufrüttelung des Volkes auszunutzen und dadurch die Beseitigung der kapitalistischen Klassenherrschaft zu beschleunigen.«

Was tat die Sozialdemokratie in diesem Kriege? Das direkte Gegenteil von dem Gebot des Stuttgarter und Baseler Kongresses: sie wirkt durch die Bewilligung der Kredite und die Einhaltung des Burgfriedens mit allen Mitteln dahin, die wirtschaftliche und politische Krise, die Aufrüttelung der Massen durch den Krieg zu verhüten. Sie »strebt mit allen Kräften« darnach, die kapitalistische Gesellschaft vor ihrer eigenen Anarchie im Gefolge des Krieges zu retten, damit wirkt sie für die ungehinderte Verlängerung des Krieges und die Vergrößerung der Zahl seiner Opfer. Angeblich wäre – wie man von den Reichstagsabgeordneten oft hören kann –, kein Mann weniger auf dem Schlachtfeld gefallen, ob die sozialdemokratische Fraktion die Kriegskredite bewilligt hätte oder nicht. Ja, unsere Parteipresse vertrat allgemein die Meinung: wir müßten gerade die »Verteidigung des Landes« mitmachen und unterstützen, um für unser Volk möglichst die blutigen Opfer des Krieges zu verringern. Die betriebene Politik hat das Gegenteil erreicht: erst durch das »vaterländische« Verhalten der Sozialdemokratie, dank dem Burgfrieden im Rücken, konnte der imperialistische Krieg ungescheut seine Furien entfesseln. Bisher war die Angst vor inneren Unruhen, vor dem Grimm des notleidenden Volkes der ständige Alpdruck und dadurch der wirksamste Zügel der herrschenden Klassen bei ihren Kriegsgelüsten. Bekannt ist das Wort von Bülows, daß man jetzt hauptsächlich aus Angst vor der Sozialdemokratie jeden Krieg möglichst hinauszuschieben trachte. Rohrbach sagt in seinem »Krieg und die deutsche Politik« auf S.VII: »Wenn nicht elementare Katastrophen eintreten, so ist das einzige, was Deutschland zum Frieden zwingen könnte, der Hunger der Brotlosen.« Er dachte offenbar an einen Hunger, der sich meldet, der sich vernehmlich und bemerkbar macht, um den herrschenden Klassen die Rücksichtnahme auf sich nahezulegen. Hören wir endlich, was ein hervorragender Militär und Theoretiker des Krieges, General von Bernhardi, sagt. In seinem großen Werk »Vom heutigen Kriege« schreibt er:

»So erschweren die modernen Massenheere die Kriegführung in den verschiedensten Beziehungen. Außerdem aber stellen sie an und für sich auch ein nicht zu unterschätzendes Gefahrmoment dar.

Der Mechanismus eines solchen Heeres ist so gewaltig und kompliziert, daß er operationsfähig und lenkbar nur dann bleiben kann, wenn das Räderwerk wenigstens im großen und ganzen zuverlässig arbeitet und starke moralische Erschütterungen in größerem Umfange vermieden werden. Daß derartige Erscheinungen bei einem wechselvollen Kriege vollständig ausgeschaltet werden könnten, darauf freilich kann man ebensowenig rechnen, wie auf lauter siegreiche Kämpfe. Sie lassen sich auch überwinden, wenn sie sich in begrenztem Umfange geltend machen. Wo aber große, zusammengedrängte Massen einmal der Führung aus der Hand gehen, wo sie in panische Zustände verfallen, wo die Verpflegung in größerem Umfange versagt, und der Geist der Unbotmäßigkeit in den Scharen Herr wird, da werden solche Massen nicht nur widerstandsunfähig gegen den Feind, sondern sie werden sich selbst und der eigenen Heeresleitung zur Gefahr werden, indem sie die Bande der Disziplin sprengen, den Gang der Operationen willkürlich stören und damit die Führung vor Aufgaben stellen, die sie zu lösen außerstande ist.

Der Krieg mit modernen Heeresmassen ist also unter allen Umständen ein gewagtes Spiel, das die personellen wie finanziellen Kräfte des Staates aufs äußerste in Anspruch nimmt. Unter solchen Umständen ist es nur natürlich, daß überall Anordnungen getroffen werden, die es ermöglichen sollen, den Krieg, wenn er ausbricht, rasch zu beenden und die ungeheure Spannung rasch zu lösen, die sich aus dem Aufgebot ganzer Nationen ergeben muß.«

So hielten bürgerliche Politiker wie militärische Autoritäten den Krieg mit den modernen Massenheeren für ein »gewagtes Spiel«, und dies war das wirksamste Moment, um die heutigen Machthaber vor der Anzettelung eines Krieges zurückzuhalten wie im Falle des Kriegsausbruchs auf dessen rasche Beendigung bedacht zu sein. Das Verhalten der Sozialdemokratie in diesem Kriege, das nach jeder Richtung dahin wirkt, um »die ungeheure Spannung« zu dämpfen, hat die Besorgnisse zerstreut, es hat die einzelnen Dämme, die der ungehemmten Sturmflut des Militarismus entgegenstanden, niedergerissen. Ja, es sollte etwas eintreten, was nie ein Bernhardi oder ein bürgerlicher Staatsmann im Traume hätte für möglich halten können: aus dem Lager der Sozialdemokratie erscholl die Losung des »Durchhaltens«, das heißt der Fortsetzung der Menschenschlächterei. Und so fallen seit Monaten Tausende von Opfern, welche die Schlachtfelder bedecken, auf unser Gewissen.

VII.

Invasion und Klassenkampf

Wie aber nun trotz alledem – wenn wir den Kriegsausbruch nicht haben verhindern können, wenn der Krieg einmal da ist, wenn das Land vor einer feindlichen Invasion steht – sollen wir da das eigene Land wehrlos machen, es dem Feinde preisgeben – , die Deutschen den Russen, die Franzosen und Belgier den Deutschen, die Serben den Österreichern? Besagt nicht der sozialistische Grundsatz: das Selbstbestimmungsrecht der Nationen, daß jedes Volk berechtigt und verpflichtet ist, seine Freiheit und Unabhängigkeit zu schützen? Wenn das Haus brennt, muß man da nicht vor allem löschen, statt nach dem Schuldigen zu suchen, der den Brand angelegt hat? Dieses Argument vom »brennenden Hause« hat in der Haltung der Sozialisten hüben wie drüben, in Deutschland wie in Frankreich, eine große Rolle gespielt. Auch in neutralen Ländern hat es Schule gemacht: ins Holländische übertragen heißt es: wenn das Schiff leck ist, muß man es da nicht vor allem zu verstopfen suchen?

Gewiß, nichtswürdig das Volk, das vor dem äußeren Feinde kapituliert, wie nichtswürdig die Partei, die vor dem inneren Feinde kapituliert. Nur eins haben die Feuerwehrleute des »brennenden Hauses« vergessen: daß im Munde des Sozialisten die Verteidigung des Vaterlandes anderes bedeutet, als die Rolle des Kanonenfutters unter dem Kommando der imperialistischen Bourgeoisie. Zunächst was die »Invasion« betrifft, ist das wirklich jenes

Schreckbild, vor dem jeder Klassenkampf im Innern des Landes wie von einem übermächtigen Zauber gebannt und gelähmt verschwindet? Nach der polizeilichen Theorie des bürgerlichen Patriotismus und des Belagerungszustandes ist jeder Klassenkampf ein Verbrechen an den Verteidigungsinteressen des Landes, weil er die Gefährdung und Schwächung der Wehrkraft der Nation sein soll. Von diesem Geschrei hat sich die offizielle Sozialdemokratie verblüffen lassen. Und doch zeigte die moderne Geschichte der bürgerlichen Gesellschaft auf Schritt und Tritt, daß ihr die fremde Invasion nicht der Greuel aller Greuel, als welcher sie heute hingemalt wird, sondern ein mit Vorliebe angewandtes und erprobtes Mittel gegen den »inneren Feind« ist. Riefen nicht die Bourbonen und die Aristokraten Frankreichs die Invasion ins Land gegen die Jakobiner? Rief die österreichische und kirchenstaatliche Konterrevolution nicht 1849 die französische Invasion gegen Rom, die russische gegen Budapest? Drohte nicht in Frankreich die »Ordnungspartei« 1850 offen mit der Invasion der Kosaken, um die Nationalversammlung kirre zu machen? Und wurde nicht durch den famosen Vertrag vom 18. Mai 1871 zwischen Jules Favre, Thiers und Co. und Bismarck die Freilassung der gefangenen bonapartistischen Armee und die direkte Unterstützung der preußischen Truppen zur Ausrottung der Kommune von Paris abgemacht? Für Karl Marx genügte die geschichtliche Erfahrung, um schon vor 45 Jahren die »nationalen Kriege« der modernen bürgerlichen Staaten als Schwindel zu entlarven. In seiner berühmten Adresse des Generalrats der Internationalen zum Fall der Pariser Kommune sagt er:

»Daß nach dem gewaltigsten Kriege der neueren Zeit die siegreiche und die besiegte Armee sich verbünden zum gemeinsamen Abschlachten des Proletariats – ein so unerhörtes Ereignis beweist, nicht wie Bismarck glaubt, die endliche Niederdrückung der sich emporarbeitenden neuen Gesellschaft, sondern die vollständige Zerbröckelung der alten Bourgeoisgesellschaft. Der höchste heroische Aufschwung, dessen die alte Gesellschaft noch fähig war, ist der Nationalkrieg, und dieser erweist sich jetzt als reiner Regierungsschwindel, der keinen anderen Zweck mehr hat, als den Klassenkampf hinauszuschieben, und der beiseite fliegt, sobald der Klassenkampf im Bürgerkrieg auflodert. Die Klassenherrschaft ist nicht länger imstande, sich unter einer nationalen Uniform zu verstecken; die nationalen Regierungen sind eins gegenüber dem Proletariat!«

Invasion und Klassenkampf sind also in der bürgerlichen Geschichte nicht Gegensätze, wie es in der offiziellen Legende heißt, sondern eins ist Mittel und Äußerung des anderen. Und wenn für die herrschenden Klassen die Invasion ein erprobtes Mittel gegen den Klassenkampf darstellt, so hat sich für die aufstrebenden Klassen der schärfste Klassenkampf noch immer als das beste Mittel gegen die Invasion erwiesen. An der Schwelle der Neuzeit zeigt schon die stürmische, von zahllosen inneren Umwälzungen und äußeren Anfeindungen aufgewühlte Geschichte der Städte, namentlich der italienischen, die Geschichte von Florenz, von Mailand mit ihrem hundertjährigen Ringen gegen die Hohenstaufen, daß die Gewalt und das Ungestüm der inneren Klassenkämpfe die Abwehrkraft des Gemeinwesens nach außen, nicht bloß nicht schwächen, sondern daß im Gegenteil erst aus der Esse dieser Kämpfe die mächtige Lohe aufsteigt, die stark genug ist, jedem feindlichen Anprall von außen Trotz zu bieten. Aber das klassische Beispiel aller Zeiten ist die große französische Revolution. Wenn je, so galt für das Frankreich des Jahres 1793, für das Herz Frankreichs, Paris: Feinde ringsum! Wenn Paris und Frankreich der Sturmflut des koalierten Europas, der Invasion von allen Seiten damals nicht erlegen waren, sondern sich im Verlaufe des beispiellosen Ringens mit dem Wachsen der Gefahr und des feindlichen Angriffs zu immer gigantischerem Widerstand emporrafften, jede neue Koalition der Feinde durch erneute Wunder des unerschöpflichen Kampfmuts aufs Haupt schlugen, so war es nur der schrankenlosen Entfesselung der inneren Kräfte der Gesellschaft in der großen Auseinandersetzung der Klassen zu danken. Heute, aus der Perspektive eines Jahrhunderts, ist es deutlich sichtbar, daß nur der schärfste Ausdruck jener Auseinandersetzung, daß nur die Diktatur des Pariser Volkes und ihr rücksichtsloser Radikalismus aus dem Boden der Nation Mittel und Kräfte zu stampfen vermocht haben, die ausreichend waren, die neugeborene bürgerliche Gesellschaft gegen eine Welt von Feinden zu verteidigen und zu behaupten: gegen die Intrigen der Dynastie, die landesverräterischen Machinationen der Aristokraten, die Zettelungen des Klerus, den Aufstand der Vendée, den Verrat der Generale, den Widerstand von sechzig Departements und Provinzialhauptstädten und gegen die vereinigten Heere und Flotten der monarchischen Koalition Europas. Wie Jahrhunderte bezeugen, ist also nicht der Belagerungszustand, sondern der rücksichtslose Klassenkampf, der das Selbstgefühl, den Opfermut und die sittliche Kraft der Volksmassen wachrüttelt, der beste Schutz und die beste Wehr des Landes gegen äußere Feinde.

Dasselbe tragische Quidproquo [Mißverständnis] passiert der Sozialdemokratie, wenn sie sich zur Begründung ihrer Haltung in diesem Kriege auf das Selbstbestimmungsrecht der Nationen beruft. Es ist wahr: der Sozialismus gesteht jedem Volke das Recht auf Unabhängigkeit und Freiheit, auf selbständige Verfügung über die eigenen Geschicke zu. Aber es ist ein wahrer Hohn auf den Sozialismus, wenn die heutigen kapitalistischen Staaten als der Ausdruck dieses Selbstbestimmungsrechts der Nationen hingestellt werden. In welchem dieser Staaten hat denn die Nation bis jetzt über die Formen und Bedingungen seines nationalen, politischen oder sozialen Daseins bestimmt?

Was die Selbstbestimmung des deutschen Volkes bedeutet, was sie will, das haben die Demokraten von 1848, das haben die Vorkämpfer des deutschen Proletariats, Marx, Engels und Lassalle, Bebel und Liebknecht verkündet und verfochten: es ist die einige großdeutsche Republik. Um dieses Ideal haben die Märzkämpfer in Wien und Berlin auf den Barrikaden ihr Herzblut verspritzt, zur Verwirklichung dieses Programms wollten Marx und Engels 1848 Preußen zu einem Krieg mit dem russischen Zarismus zwingen. Das erste Erfordernis für die Erfüllung dieses nationalen Programms war die Liquidierung des »Haufens organisierte Verwesung«, genannt habsburgische Monarchie, und die Abschaffung der preußischen Militärmonarchie sowie der zwei Dutzend Zwergmonarchien in Deutschland. Die Niederlage der deutschen Revolution, der Verrat des deutschen Bürgertums an seinen eigenen demokratischen Idealen führten zum Bismarckschen Regiment und zu dessen Schöpfung: dem heutigen Großpreußen mit den zwanzig Vaterländern unter einer Helmspitze, das sich das Deutsche Reich nennt. Das heutige Deutschland ist auf dem Grabe der Märzrevolution, auf den Trümmern des nationalen Selbstbestimmungsrechts des deutschen Volkes errichtet. Der heutige Krieg, der neben der Erhaltung der Türkei die Erhaltung der habsburgischen Monarchie und die Stärkung der preußischen Militärmonarchie zum Zweck hat, ist eine abermalige Verscharrung der Märzgefallenen und des nationalen Programms Deutschlands. Und es liegt ein wahrhaft teuflischer Witz der Geschichte darin, daß Sozialdemokraten, die Erben der deutschen Patrioten von 1848, in diesen Krieg ziehen – das Banner des »Selbstbestimmungsrechts der Nationen« in der Hand!

Oder ist etwa die dritte Republik mit den Kolonialbesitzungen in vier und mit Kolonialgreueln in zwei Weltteilen ein Ausdruck der »Selbstbestimmung« der französischen Nation? Oder ist es das Britische Reich mit Indien und der südafrikanischen Herrschaft einer Million Weißer über fünf Millionen farbiger Bevölkerung? Oder ist es gar die Türkei, das Zarenreich? Nur für einen bürgerlichen Politiker, für den die Herrenrassen die Menschheit und die herrschenden Klassen die Nation darstellen, kann in den Kolonialstaaten überhaupt von einer »nationalen Selbstbestimmung« die Rede sein. Im sozialistischen Sinne dieses Begriffs gibt es keine freie Nation, wenn ihre staatliche Existenz auf der Versklavung anderer Völker beruht, denn auch die Kolonialvölker zählen als Völker und als Glieder des Staates. Der internationale Sozialismus erkennt das Recht freier, unabhängiger, gleichberechtigter Nationen, aber nur er kann solche Nationen schaffen, erst er kann das Selbstbestimmungsrecht der Völker verwirklichen. Auch diese Losung des Sozialismus ist, wie alle anderen, nicht eine Heiligsprechung des Bestehenden, sondern ein Wegweiser und Ansporn für die revolutionäre, umgestaltende, aktive Politik des Proletariats. Solange kapitalistische Staaten bestehen, namentlich solange die imperialistische Weltpolitik das innere und äußere Leben der Staaten bestimmt und gestaltet, hat das nationale Selbstbestimmungsrecht mit ihrer Praxis im Krieg wie im Frieden nicht das geringste gemein.

Noch mehr: in dem heutigen imperialistischen Milieu kann es überhaupt keine nationalen Verteidigungskriege mehr geben, und jede sozialistische Politik, die von diesem bestimmenden historischen Milieu absieht, die sich mitten im Weltstrudel nur von den isolierten Gesichtspunkten eines Landes leiten lassen will, ist von vornherein auf Sand gebaut.

Wir haben bereits den Hintergrund des jetzigen Zusammenstoßes Deutschlands mit seinen Gegnern aufzuzeigen gesucht. Es war nötig, die eigentlichen Triebfedern und die inneren Zusammenhänge des heutigen Krieges näher zu beleuchten, weil in der Stellungnahme unserer Reichstagsfraktion wie unserer Presse die Verteidigung der Existenz, Freiheit und Kultur Deutschlands die entscheidende Rolle spielte. Demgegenüber muß an der historischen Wahrheit festgehalten werden, daß es sich um einen vom deutschen Imperialismus durch seine weltpolitischen Ziele seit Jahren vorbereiteten und im Sommer 1914 durch die deutsche und österreichische Diplomatie zielbewußt herbeigeführten Präventivkrieg handelt. Darüber hinaus ist bei der allgemeinen Einschätzung des Weltkrieges und seiner Bedeutung für die Klassenpolitik des Proletariats die Frage der Verteidigung und des Angriffs, die Frage nach dem »Schuldigen« völlig belanglos. Ist Deutschland am allerwenigsten in der Selbstverteidigung, so sind es auch Frankreich und England nicht, denn was sie »verteidigen«, ist nicht ihre nationale, sondern ihre weltpolitische Position, ihr von den Anschlägen des deutschen Emporkömmlings bedrohter alter imperialistischer Besitzstand. Haben die Streifzüge des deutschen und österreichischen Imperialismus im Orient den Weltbrand zweifellos entzündet, so hatten zu ihm der französische Imperialismus durch die Verspeisung Marokkos, der englische durch seine Vorbereitungen zum Raub Mesopotamiens und Arabiens wie durch alle Maßnahmen zur Sicherung seiner Zwingherrschaft in Indien, der russische durch seine auf Konstantinopel zielende Balkanpolitik Scheit für Scheit den Brennstoff zusammengeschleppt und aufgeschichtet. Wenn die militärischen Rüstungen eine wesentliche Rolle als Triebfeder zum Losbrechen der Katastrophe gespielt haben, so waren sie ein Wettkampf aller Staaten. Und wenn Deutschland zu dem europäischen Wettrüsten durch die Bismarcksche Politik von 1870 den Grundstein gelegt hatte, so war jene Politik vorher durch die des zweiten Kaiserreichs begünstigt und nachher durch die militärische koloniale Abenteuerpolitik der dritten Republik, durch ihre Expansionen in Ostasien und Afrika gefördert.

Die französischen Sozialisten waren in ihre Illusion von der »nationalen Verteidigung« besonders durch die Tatsache hineingetrieben worden, daß die französische Regierung wie das ganze Volk im Juli 1914 nicht die geringsten Kriegsabsichten hatten. »In Frankreich sind heute alle aufrichtig und ehrlich, rückhaltlos und vorbehaltlos für den Frieden«, bezeugte Jaures in der letzten Rede seines Lebens, am Vorabend des Krieges, im Brüsseler Volkshaus. Die Tatsache stimmt vollkommen, und sie kann psychologisch die Entrüstung begreiflich machen, die sich der französischen Sozialisten bemächtigt hatte, als der verbrecherische Krieg ihrem Lande aufgezwungen wurde. Aber zur Beurteilung des Weltkrieges als einer historischen Erscheinung und zur Stellungnahme der proletarischen Politik ihm gegenüber reicht diese Tatsache nicht aus. Die Geschichte, aus der der heutige Krieg geboren wurde, begann nicht erst im Juli 1914, sondern sie reicht Jahrzehnte zurück, wo sich Faden an Faden mit der Notwendigkeit eines Naturgesetzes knüpfte, bis das dichtmaschige Netz der imperialistischen Weltpolitik fünf Weltteile umstrickt hatte- ein gewaltiger historischer Komplex von Erscheinungen, deren Wurzeln in die plutonischen Tiefen des ökonomischen Werdens hinabreichen, deren äußerste Zweige in die undeutlich heraufdämmernde neue Welt hinüberwinken – Erscheinungen, bei deren umfassender Größe die Begriffe von Schuld und Sühne, von Verteidigung und Angriff wesenlos verblassen.

Die imperialistische Politik ist nicht das Werk irgendeines oder einiger Staaten, sie ist das Produkt eines bestimmten

Reifegrads in der Weltentwicklung des Kapitals, eine von Hause aus internationale Erscheinung, ein unteilbares Ganzes, das nur in allen seinen Wechselbeziehungen erkennbar ist und dem sich kein einzelner Staat zu entziehen vermag.

Von hier aus kann erst die Frage der »nationalen Verteidigung« im heutigen Kriege richtig gewertet werden. Der Nationalstaat, nationale Einheit und Unabhängigkeit, das war das ideologische Schild, unter dem sich die bürgerlichen Großstaaten in Mitteleuropa im vorigen Jahrhundert konstituierten. Der Kapitalismus kann sich mit der Kleinstaaterei, mit wirtschaftlicher und politischer Zersplitterung nicht vertragen, er bedarf zu seiner Entfaltung eines möglichst großen, innerlich geschlossenen Gebietes und einer geistigen Kultur, ohne die weder die Bedürfnisse der Gesellschaft auf das der kapitalistischen Warenproduktion entsprechende Niveau gehoben werden, noch der Mechanismus der modernen bürgerlichen Klassenherrschaft funktionieren kann. Bevor der Kapitalismus zur erdumspannenden Weltwirtschaft sich auswachsen konnte, suchte er sich in den nationalen Grenzen eines Staates ein geschlossenes Gebiet zu schaffen. Dieses Programm ist- da es sich auf dem vom feudalen Mittelalter überwiesenen politischen und nationalen Schachbrett nur auf revolutionärem Wege durchführen ließ- in Frankreich allein, in der großen Revolution, verwirklicht worden. Im übrigen Europa ist es, wie die bürgerliche Revolution überhaupt, Stückwerk geworden, auf halbem Weg stehengeblieben. Das Deutsche Reich und das heutige Italien, der Fortbestand Österreich-Ungarns und der Türkei bis heute, das Russische Reich und das Britische Weltreich sind dafür lebendige Beweise. Das nationale Programm hatte nur als ideologischer Ausdruck der aufstrebenden, nach der Macht im Staate zielenden Bourgeoisie eine geschichtliche Rolle gespielt, bis sich die bürgerliche Klassenherrschaft in den Großstaaten Mitteleuropas schlecht und recht zurechtgesetzt, sich in ihnen die nötigen Werkzeuge und Bedingungen geschaffen hat.

Seitdem hat der Imperialismus das alte bürgerlich-demokratische Programm vollends zu Grabe getragen, indem er die Expansion über nationale Grenzen hinaus und ohne jede Rücksicht auf nationale Zusammenhänge zum Programm der Bourgeoisie aller Länder erhoben hat. Die nationale Phrase freilich ist geblieben. Ihr realer Inhalt, ihre Funktion ist aber in ihr Gegenteil verkehrt; sie fungiert nur noch als notdürftiger Deckmantel imperialistischer Bestrebungen und als Kampfschrei imperialistischer Rivalitäten, als einziges und letztes ideologisches Mittel, womit die Volksmassen für ihre Rolle des Kanonenfutters in den imperialistischen Kriegen eingefangen werden können.

Die allgemeine Tendenz der jetzigen kapitalistischen Politik beherrscht dabei so gut als übermächtiges blindwaltendes Gesetz die Politik der einzelnen Staaten, wie die Gesetze der wirtschaftlichen Konkurrenz die Produktionsbedingungen des einzelnen Unternehmers gebieterisch bestimmen.

Denken wir uns für einen Augenblick – um das des »nationalen Krieges«, das die sozialdemokratische Politik gegenwärtig beherrscht, nachzuprüfen – , daß in einem der heutigen Staaten der Krieg in seinem Ausgangspunkt tatsächlich als reiner nationaler Verteidigungskrieg begonnen hat, so führt vor allem militärischer Erfolg zur Besetzung fremder Gebiete. Bei dem Vorhandensein höchst einflußreicher kapitalistischer Gruppen aber, die an imperialistischen Erwerbungen interessiert sind, werden im Laufe des Krieges selbst Expansionsappetite geweckt, die imperialistische Tendenz, die zu Beginn des Krieges erst im Keime vorhanden war oder schlummerte, wird im Verlauf des Krieges selbst wie in einer Treibhausatmosphäre aufwuchern und den Charakter des Krieges, seine Ziele und

Ergebnisse bestimmen. Ferner: das System der Bündnisse zwischen den Militärstaaten, das seit Jahrzehnten die politischen Beziehungen der Staaten beherrscht, bringt es mit sich, daß jede der kriegführenden Parteien im Verlaufe des Krieges auch aus reinen Defensivrücksichten Bundesgenossen auf ihre Seite zu bringen sucht. Dadurch werden immer weitere Länder in den Krieg mit hineingezogen und damit unvermeidlich imperialistische Kreise der Weltpolitik berührt und neue geschaffen. So hat auf der einen Seite England Japan hineingezogen, den Krieg aus Europa auf Ostasien übergeleitet und die Schicksale Chinas auf die Tagesordnung gestellt, die Rivalitäten zwischen Japan und den Vereinigten Staaten, zwischen England und Japan geschürt, also neuen Stoff zu künftigen Konflikten gehäuft. So hat auf der anderen Seite Deutschland die Türkei in den Krieg gezerrt, wodurch die Frage Konstantinopels, der ganze Balkan und Vorderasien unmittelbar zur Liquidierung gestellt worden sind. Wer nicht begriff, daß der Weltkrieg schon in seinen Ursachen und Ausgangspunkten ein rein imperialistischer war, kann nach diesen Wirkungen jedenfalls einsehen, daß der Krieg sich unter den jetzigen Bedingungen ganz mechanisch, unabwendbar zum imperialistischen Weltumteilungsprozeß auswachsen mußte. Ja, er ist schon fast vom ersten Augenblick seiner Dauer zu einem solchen geworden. Das beständig schwankende Gleichgewicht der Kräfte zwischen den kämpfenden Parteien zwingt jede von ihnen, schon aus rein militärischen Gesichtspunkten, um die eigene Position zu stärken oder Gefahren neuer Feindseligkeiten zu verhüten, auch die Neutralen durch intensiven Völker- und Länderschacher im Zügel zu halten. Siehe einerseits die deutsch-österreichischen, andererseits die englisch-russischen »Angebote« in Italien, in Rumänien, in Griechenland und Bulgarien. Der angeblich »nationale Verteidigungskrieg« hat so die frappante Wirkung, daß er sogar bei unbeteiligten Staaten eine all gemeine Verschiebung des Besitzstandes, der Machtverhältnisse, und zwar in der ausdrücklichen Richtung zur Expansion, herbeiführt. Endlich die Tatsache selbst, daß heute alle kapitalistischen Staaten Kolonialbesitzungen haben, die im Kriege, mag er auch als »nationaler Verteidigungskrieg« beginnen, schon aus rein militärischen Gesichtspunkten mit in den Krieg gezogen werden, indem jeder kriegführende Staat die Kolonien des Gegners zu okkupieren oder mindestens zum Aufruhr zu bringen sucht- siehe die Beschlagnahme der deutschen Kolonien durch England und die Versuche, den »Heiligen Krieg« in den englischen und französischen Kolonien zu entfachen – , diese Tatsache verwandelt gleichfalls automatisch jeden heutigen Krieg in einen imperialistischen Weltbrand.

So ist der Begriff selbst jenes bescheidenen tugendhaften vaterländischen Verteidigungskriegs, der unseren Parlamentariern und Redakteuren heute vorschwebt, reine Fiktion, die jede geschichtliche Erfassung des Ganzen und seiner Weltzusammenhänge vermissen läßt. Über den Charakter des Krieges entscheiden eben nicht die feierlichen Erklärungen und nicht einmal die ehrlichen Absichten der sogenannten leitenden Politiker, sondern die jeweilige historische Beschaffenheit der Gesellschaft und ihrer militärischen Organisation.

Das Schema des reinen »nationalen Verteidigungskriegs« könnte auf den ersten Blick vielleicht auf ein Land wie die Schweiz passen. Aber die Schweiz ist ausgerechnet kein Nationalstaat und dazu kein Typus für die heutigen Staaten. Gerade ihr »neutrales« Dasein und ihr Luxus an Miliz ist selbst nur negative Frucht des latenten Kriegszustandes der sie umgebenden großen Militärstaaten und auch nur solange haltbar, als sie sich mit jenem Zustand vertragen kann. Wie eine solche Neutralität im Weltkriege im

Nu vom Kommisstiefel des Imperialismus zertreten wird, zeigt das Schicksal Belgiens. Hier kommen wir speziell zur Situation der Kleinstaaten. Geradezu eine klassische Probe auf das Exempel des »nationalen Krieges« bildet heute Serbien. Wenn irgend ein Staat nach allen äußeren formalen Merkmalen das Recht der nationalen Verteidigung auf seiner Seite hat, so ist es Serbien. Durch Österreichs Annexionen um die nationale Einheit gebracht, von Österreich in seiner nationalen Existenz bedroht, durch Österreich zum Kriege gezwungen, kämpft Serbien allem menschlichen Ermessen nach den echten Verteidigungskrieg um Existenz, Freiheit und Kultur seiner Nation. Hat die deutsche sozialdemokratische Fraktion mit ihrer Stellungnahme recht, dann sind die serbischen Sozialdemokraten, die im Belgrader Parlament gegen den Krieg protestierten und die Kriegskredite ablehnten, geradezu Verräter an den Lebensinteressen des eigenen Landes. In Wirklichkeit haben die Serben Lapstewitsch und Kazlerowitsch sich nicht nur mit goldenen Lettern in die Geschichte des internationalen Sozialismus eingetragen, sondern zugleich einen scharfen historischen Blick für die wirklichen Zusammenhänge des Krieges gezeigt, wodurch sie ihrem Lande, der Aufklärung ihres Volkes, den besten Dienst erwiesen haben. Serbien ist allerdings formell im nationalen Verteidigungskrieg. Aber die Tendenzen seiner Monarchie und seiner herrschenden Klassen gehen, wie die Bestrebungen der herrschenden Klassen in allen heutigen Staaten, auf Expansion, unbekümmert um nationale Grenzen, und bekommen dadurch aggressiven Charakter. So geht auch die Tendenz Serbiens nach der Adriaküste, wo es mit Italien einen recht imperialistischen Wettstreit auf dem Rücken der Albaner auszufechten hat, dessen Ausgang, außerhalb Serbiens, von den Großmächten entschieden wird. Die Hauptsache jedoch ist dies: hinter dem serbischen Nationalismus steht der russische Imperialismus. Serbien selbst ist nur eine Schachfigur im großen Schachspiel der Weltpolitik, und eine Beurteilung des Krieges in Serbien, die von diesen großen Zusammenhängen, von dem allgemeinen weltpolitischen Hintergrund absieht, muß in der Luft hängen. Genau dasselbe bezieht sich auf die jüngsten Balkankriege. Isoliert für sich und formal betrachtet, waren die jungen Balkanstaaten in ihrem guten historischen Recht, führten das alte demokratische Programm des Nationalstaates durch. In dem realen historischen Zusammenhang jedoch, der den Balkan zum Brennpunkt und Wetterwinkel der imperialistischen Weltpolitik gemacht hat, waren auch die Balkankriege objektiv nur ein Fragment der allgemeinen Auseinandersetzung, ein Glied in der verhängnisvollen Kette jener Geschehnisse, die zu dem heutigen Weltkrieg mit fataler Notwendigkeit geführt haben. Die internationale Sozialdemokratie hat auch den Balkansozialisten für ihre entschiedene Ablehnung jeder moralischen und politischen Mitwirkung an dem Balkankriege und für die Entlarvung seiner wahren Physiognomie eine begeisterte Ovation in Basel bereitet, womit sie die Haltung der deutschen und französischen Sozialisten im heutigen Kriege im voraus gerichtet hat.

In der gleichen Lage wie die Balkanstaaten befinden sich aber heute alle Kleinstaaten, so zum Beispiel auch Holland. »Wenn das Schiff leck ist, muß vor allem daran gedacht werden, es zu verstopfen.« Um was könnte es sich in der Tat bei dem kleinen Holland handeln, als um reine nationale Verteidigung, um die Verteidigung der Existenz und der Unabhängigkeit des Landes? Zieht man lediglich die Absichten des holländischen Volkes und selbst seiner herrschenden Klassen in Betracht, so steht allerdings reine nationale Verteidigung in Frage. Aber die proletarische Politik, die auf historischer Erkenntnis ruht, kann sich nicht nach den subjektiven Absichten in einem einzelnen Lande richten, sie muß sich an dem Gesamtkomplex der weltpolitischen Lage international orientieren. Auch Holland ist, ob es will oder nicht, nur ein kleines Rädchen in dem ganzen Getriebe der heutigen Weltpolitik und Diplomatie. Dies würde sofort klarwerden, falls Holland tatsächlich in den Mahlstrom des Weltkrieges hineingerissen würde. Das erste ist, daß seine Gegner auch gegen seine Kolonien den Schlag zu führen suchen würden. Hollands Kriegführung würde sich also von selbst auf die Erhaltung seines heutigen Besitzstandes richten, die Verteidigung der nationalen Unabhängigkeit des Flamenvolkes an der Nordsee würde sich konkret erweitern zur Verteidigung seines Herrschafts- und Ausbeutereichs über die Malaien im Ostindischen Archipel. Aber nicht genug: der Militarismus Hollands würde, auf sich gestellt, in dem Strudel des Weltkriegs wie eine Nußschale zerschellen, Holland würde auch, ob es will oder nicht, sofort Mitglied eines der kämpfenden Großstaatkonsortien, also auch von dieser Seite Träger und Werkzeug rein imperialistischer Tendenzen werden.

Auf diese Weise ist es immer wieder das historische Milieu des heutigen Imperialismus, das den Charakter der Kriege in den einzelnen Ländern bestimmt, und dieses Milieu macht es, daß heutzutage nationale Verteidigungskriege überhaupt nicht mehr möglich sind.

So schrieb auch Kautsky erst vor wenigen Jahren in seiner Broschüre »Patriotismus und Sozialdemokratie«, Leipzig 1907:

»Sind der Patriotismus der Bourgeoisie und des Proletariats zwei ganz verschiedene, geradezu gegensätzliche Erscheinungen, so gibt es doch Situationen, in denen beide Arten von Patriotismus zu gemeinsamem Wirken sogar in einem Kriege zusammenfließen können. Bourgeoisie und Proletariat einer Nation haben das gleiche Interesse an ihrer Unabhängigkeit und Selbständigkeit, an der Beseitigung und Fernhaltung jeder Art von Unterdrückung und Ausbeutung durch eine fremde Nation ... Bei den nationalen Kämpfen, die derartigen Bestrebungen entsprossen, hat sich stets der Patriotismus des Proletariats mit dem der Bourgeoisie vereinigt ... Seitdem aber das Proletariat eine Macht geworden ist, die bei jeder größeren Erschütterung des Staates für die herrschenden Klassen gefährlich wird, seitdem am Ende eines Krieges die Revolution droht, wie die Pariser Kommune 1871 und der russische Terrorismus nach dem russisch-türkischen Krieg bewiesen, seitdem hat die Bourgeoisie auch solcher Nationen, die nicht oder nicht genügend selbständig und geeint sind, ihre nationalen Ziele tatsächlich aufgegeben, wenn diese nur durch den Umsturz einer Regierung erreichbar sind, da sie die Revolution mehr haßt und fürchtet als sie die Selbständigkeit und Größe der Nation liebt. Daher verzichtet sie auf die Selbständigkeit Polens und läßt so vorsintflutliche Staatsgebilde wie Österreich und die Türkei weiter bestehen, die schon vor einem Menschenalter dem Untergange geweiht erschienen. Damit haben in den zivilisierten Teilen Europas die nationalen Kämpfe als Ursache von Revolutionen oder Kriegen aufgehört. Jene nationalen Probleme, die doch auch heute noch nur durch Krieg oder Revolution zu lösen sind, können fortan erst gelöst werden nach dem Siege des Proletariats. Dann aber nehmen sie sofort, dank der internationalen Solidarität, eine ganz andere Gestalt an, als heute, in der Gesellschaft der Ausbeutung und Unterdrückung. Sie brauchen in den kapitalistischen Staaten das Proletariat bei seinen praktischen Kämpfen von heute nicht mehr zu beschäftigen, dieses hat seine ganze Kraft anderen Aufgaben zuzuwenden.« (S. 12 – 14.)

»Indessen schwindet die Wahrscheinlichkeit immer mehr, daß sich jemals noch der proletarische und der bürgerliche Patriotismus zur Verteidigung der Freiheit des eigenen Volkes vereinigen.« Die französische Bourgeoisie habe sich vereinigt mit dem Zarismus. Rußland sei keine Gefahr mehr für die Freiheit Westeuropas, weil durch die Revolution geschwächt. »Unter diesen Verhältnissen ist ein Krieg zur Verteidigung der Nation, in dem bürgerlicher und proletarischer Patriotismus sich vereinigen könnten, nirgends mehr zu erwarten.« (S. 16.)

»Wir haben schon gesehen, daß die Gegensätze aufgehört hatten, die im 19. Jahrhundert noch manche freiheitlichen Völker zwingen konnten, ihren Nachbarn kriegerisch entgegenzutreten; wir haben gesehen, daß der heutige Militarismus auch nicht im entferntesten mehr der Verfechtung wichtiger Volksinteressen, sondern nur der Verfechtung des Profits gilt; nicht der Sicherstellung der Unabhängigkeit und Unverletztheit des eigenen Volkstums, das niemand bedroht, sondern nur der Sicherstellung und Erweiterung der überseeischen Eroberungen, die bloß der Förderung des kapitalistischen Profits dienen. Die heutigen Gegensätze der Staaten können keinen Krieg mehr bringen, dem der proletarische Patriotismus nicht aufs entschiedenste zu widerstreben hätte.« (S. 23.)

Was ergibt sich aus alledem für das praktische Verhalten der Sozialdemokratie in dem heutigen Kriege? Sollte sie etwa erklären: da dieser Krieg ein imperialistischer, da dieser Staat nicht dem sozialen Selbstbestimmungsrecht, nicht dem nationalen Ideal entspricht, so ist er uns gleichgültig, und wir geben ihn dem Feinde preis? Das passive Gehen- und Geschehenlassen kann niemals die Richtschnur für das Verhalten einer revolutionären Partei, wie die Sozialdemokratie, abgeben. Weder sich zur Verteidigung des bestehenden Klassenstaates unter das Kommando der herrschenden Klassen stellen, noch schweigend auf die Seite gehen, um abzuwarten, bis der Sturm vorbei ist, sondern selbständige Klassenpolitik einschlagen, die in jeder großen Krise der bürgerlichen Gesellschaft die herrschenden Klassen vorwärts peitscht, die Krise über sich selbst hinaustreibt, das ist die Rolle der Sozialdemokratie, als der Vorhut des kämpfenden Proletariats. Statt also dem imperialistischen Kriege den Mantel der nationalen Verteidigung fälschlich umzuhängen, galt es gerade mit dem Selbstbestimmungsrecht der Völker und mit der nationalen Verteidigung Ernst zu machen, sie als revolutionären Hebel gegen den imperialistischen Krieg zu wenden. Das elementarste Erfordernis der nationalen Verteidigung ist, daß die Nation die Verteidigung in die eigene Hand nimmt. Der erste Schritt dazu ist: die Miliz, das heißt: nicht bloß sofortige Bewaffnung der gesamten erwachsenen männlichen Bevölkerung, sondern vor allem auch die Entscheidung des Volkes über Krieg und Frieden, das heißt ferner: die sofortige Beseitigung aller politischen Entrechtung, da die größte politische Freiheit als Grundlage der Volksverteidigung notwendig ist. Diese wirklichen Maßnahmen der nationalen Verteidigung zu proklamieren, ihre Verwirklichung zu fordern, das war die erste Aufgabe der Sozialdemokratie. Vierzig Jahre lang haben wir den herrschenden Klassen wie den Volksmassen bewiesen, daß nur die Miliz imstande sei, das Vaterland wirklich zu verteidigen, es unbesiegbar zu machen. Und nun, wo es zu der ersten großen Probe kam, haben wir die Verteidigung des Landes als etwas ganz Selbstverständliches in die Hände des stehenden Heeres, des Kanonenfutters unter der Fuchtel der herrschenden Klassen überwiesen. Unsere Parlamentarier haben offenbar gar nicht bemerkt, daß sie indem sie dieses Kanonenfutter »mit heißen Wünschen« als wirkliche Wehr des Vaterlandes ins Feld begleiteten, indem sie ohne weiteres zugaben, das königlich-preußische stehende Heer sei in der Stunde der größten Not des Landes sein wirklicher Retter, daß sie dabei den Angelpunkt unseres politischen Programms: die Miliz, glatt preisgaben, die praktische Bedeutung unserer vierzigjährigen Milizagitation in Dunst auflösten, zur doktrinär-utopischen Schrulle machten, die kein Mensch mehr ernst nehmen wird.[12]

Anders verstanden die Vaterlandsverteidigung die Meister des internationalen Proletariats. Als das Proletariat in dem von Preußen belagerten Paris 1871 das Heft in die Hände nahm, schrieb Marx begeistert über seine Aktion:

»Paris, der Mittelpunkt und Sitz der alten Regierungsmacht und gleichzeitig der gesellschaftliche Schwerpunkt der französischen Arbeiterklasse, Paris hatte sich in Waffen erhoben gegen den Versuch des Herrn Thiers und seiner Krautjunker, diese ihnen vom Kaisertum überkommne alte Regierungsmacht wiederherzustellen und zu verewigen. Paris konnte nur Widerstand leisten, weil es infolge der Belagerung die Armee losgeworden war, an deren Stelle es eine hauptsächlich aus Arbeitern bestehende Nationalgarde gesetzt hatte. Diese Tatsache galt es jetzt in eine bleibende Einrichtung zu verwandeln. Das erste Dekret der Kommune war daher die Unterdrückung des stehenden Heeres und seine Ersetzumg durch das bewaffnete Volk ...Wenn

12 »Wenn trotzdem die sozialdemokratische Reichstagsfraktion jetzt einstimmig die Kriegskredite bewilligte« –schrieb das Münchener Parteiorgan am 6. August –, »wenn sie heiße Wünsche des Erfolges allen auf den Weg mitgab, die zur Verteidigung des Deutschen Reiches hinausziehen, so war das nicht etwa ein ‚taktischer Zug', es war die ganz natürliche Konsequenz der Haltung einer Partei, die stets bereit war, ein Volksheer zur Verteidigung des Landes an die Stelle eines Systems zu setzen, das ihr mehr der Ausdruck der Klassenherrschaft als des Verteidigungswillens der Nation gegen freche Überfälle schien.« Schien!! ... In der »Neuen Zeit« ist der heutige Krieg gar direkt zum »Volkskrieg«, die stehende Armee zum »Volksheer« erhoben (siehe Nr. 20 und 23 vom August -September 1914). –Der sozialdemokratische Militärschriftsteller Hugo Schulz rühmt im Kriegsbericht vom 24. August 1914 den »starken Milizengeist«, der in der habsburgischen Armee »lebendig« sei! ...

sonach die Kommune die wahre Vertreterin aller gesunden Elemente der französischen Gesellschaft war, und daher die wahrhaft nationale Regierung, so war sie gleichzeitig, als eine Arbeiterregierung, als der kühne Vorkämpfer der Befreiung der Arbeit, im vollen Sinn des Worts international. Unter den Augen der preußischen Armee, die zwei französische Provinzen an Deutschland annektiert hatte, annektierte die Kommune die Arbeiter der ganzen Welt an Frankreich.« (Adresse des Generalrats der Internationale.)

Und wie dachten unsere Altmeister über die Rolle der Sozialdemokratie in einem Kriege wie der heutige? Friedrich Engels schrieb im Jahre 1892 über die Grundlinien der Politik, die in einem großen Kriege der Partei des Proletariats zufällt, wie folgt:

»Ein Krieg, wo Russen und Franzosen in Deutschland einbrächen, wäre für dieses ein Kampf auf Leben und Tod, worin es seine nationale Existenz nur sichern könnte durch Anwendung der revolutionären Maßregeln. Die jetzige Regierung, falls sie nicht gezwungen wird, entfesselt die Revolution sicher nicht. Aber wir haben eine starke Partei, die sie dazu zwingen oder im Notfall sie ersetzen kann, die sozialdemokratische Partei.

Und wir haben das großartige Beispiel nicht vergessen, das Frankreich uns 1793 gab. Das hundertjährige Jubiläum von 1793 naht heran. Sollte der Eroberungsmut des Zaren und die chauvinistische Ungeduld der französischen Bourgeoisie den siegreichen, aber friedlichen Vormarsch der deutschen Sozialisten aufhalten, so sind diese- verlaßt euch darauf- bereit, der Welt zu beweisen, daß die deutschen Proletarier von heute der französischen Sanskulotten nicht unwürdig sind und daß 1893 sich sehen lassen kann neben 1793. Und wenn dann die Soldaten des Herrn Constans' den Fuß auf deutsches Gebiet setzen, wird man sie begrüßen mit den Worten der Marseillaise:

Quoi? ces cohortes étrangères
Feraient la loi dans nos foyers?
Wie, sollen diese fremden Kohorten
Das Gesetz uns schreiben am eigenen Herd?

Kurz und gut: Der Friede sichert den Sieg der deutschen sozialdemokratischen Partei in ungefähr zehn Jahren. Der Krieg bringt ihr entweder den Sieg in zwei bis drei Jahren, oder vollständigen Ruin wenigstens auf fünfzehn bis zwanzig Jahre.«

Engels hatte, als er das schrieb, eine ganz andere Situation im Sinn als die heutige. Er hatte noch das alte Zarenreich vor den Augen, während wir seitdem die große russische Revolution erlebt haben. Er dachte ferner an einen wirklichen nationalen Verteidigungskrieg des überfallenen Deutschlands gegen zwei gleichzeitige Angriffe in Ost und West. Er hat schließlich die Reife der Verhältnisse in Deutschland und die Aussichten auf die soziale Revolution überschätzt, wie wirkliche Kämpfer das Tempo der Entwicklung meist zu überschätzen pflegen. Was aber bei alledem aus seinen Ausführungen mit aller Deutlichkeit hervorgeht, ist, daß Engels unter nationaler Verteidigung im Sinne der sozialdemokratischen Politik nicht die Unterstützung der preußisch-junkerlichen Militärregierung und ihres Generalstabs verstand, sondern eine revolutionäre Aktion nach dem Vorbild der französischen Jakobiner.

Ja, die Sozialdemokraten sind verpflichtet, ihr Land in einer großen historischen Krise zu verteidigen. Und darin gerade liegt eine schwere Schuld der sozialdemokratischen Reichstagsfraktion, daß sie in ihrer Erklärung vom 4. August 1914 feierlich verkündete: »Wir lassen das Vaterland in der Stunde der Gefahr nicht im Stich«, ihre Worte aber im gleichen Augenblick verleugnete. Sie hat das Vaterland in der Stunde der größten Gefahr im Stiche gelassen. Denn die erste Pflicht gegenüber dem Vaterland in jener Stunde war: ihm den wahren Hintergrund dieses imperialistischen Krieges zu zeigen, das Gewebe von patriotischen und diplomatischen Lügen zu zerreißen, womit dieser Anschlag auf das Vaterland umwoben war; laut und vernehmlich auszusprechen, daß für das deutsche Volk in diesem Krieg Sieg wie Niederlage gleich verhängnisvoll sind; sich der Knebelung des Vaterlandes durch den Belagerungszustand bis zum äußersten zu widersetzen; die Notwendigkeit der sofortigen Volksbewaffnung und der Entscheidung des Volkes über Krieg und Frieden zu proklamieren; die permanente Tagung der Volksvertretung für die Dauer des Krieges mit allem Nachdruck zu fordern, um die wachsame Kontrolle der Regierung durch die Volksvertretung und der Volksvertretung durch das Volk zu sichern; die sofortige Abschaffung aller politischen Entrechtung zu verlangen, da nur ein freies Volk sein Land wirksam verteidigen kann; endlich dem imperialistischen, auf die Erhaltung Österreichs und der Türkei, das heißt der Reaktion in Europa und in Deutschland gerichteten Programm des Krieges das alte wahrhaft nationale Programm der Patrioten und Demokraten von 1848, das Programm von Marx, Engels und Lassalle: die Losung der einigen großen deutschen Republik entgegenzustellen. Das war die Fahne, die dem Lande vorangetragen werden mußte, die wahrhaft national, wahrhaft freiheitlich gewesen wäre und in Übereinstimmung mit den besten Traditionen Deutschlands wie mit der internationalen Klassenpolitik des Proletariats.

Die große geschichtliche Stunde des Weltkrieges heischte offenbar eine entschlossene politische Leitung, eine großzügige umfassende Stellungnahme, eine überlegene Orientierung des Landes, die nur die Sozialdemokratie zu geben berufen war. Statt dessen erfolgte von der parlamentarischen Vertretung der Arbeiterklasse, die in jenem Augenblick das Wort hatte, ein jämmerliches, beispielloses Versagen. Die Sozialdemokratie hat- dank ihren Führern – nicht eine falsche Politik, sondern überhaupt gar keine eingeschlagen, sie hat sich als besondere Klassenpartei mit eigener Weltanschauung völlig ausgeschaltet, hat das Land kritiklos dem furchtbaren Verhängnis des imperialistischen Krieges nach außen und der Säbeldiktatur im Inneren preisgegeben und obendrein die Verantwortung für den Krieg auf sich geladen. Die Erklärung der Reichstagsfraktion sagt: nur die Mittel zur Verteidigung des Landes hätte sie bewilligt, die Verantwortung hingegen für den Krieg abgelehnt. Das gerade Gegenteil ist wahr. Die Mittel zu dieser »Verteidigung«, das heißt zur imperialistischen Menschenschlächterei durch die Heere der Militärmonarchie brauchte die Sozialdemokratie gar nicht zu bewilligen, denn ihre Anwendung hing nicht im geringsten von der Bewilligung der Sozialdemokratie ab: dieser als Minderheit stand die kompakte Dreiviertelmajorität des bürgerlichen Reichstags gegenüber. Durch ihre freiwillige Bewilligung hat die sozialdemokratische Fraktion nur eines erreicht: die Demonstration der Einigkeit des ganzen Volkes im Kriege, die Proklamierung des Burgfriedens, das heißt die Einstellung des Klassenkampfes, die Auslöschung der oppositionellen Politik der Sozialdemokratie im Kriege, also die moralische Mitverantwortung für den Krieg. Durch ihre freiwillige Bewilligung der Mittel hat sie dieser Kriegführung den Stempel der demokratischen Vaterlandsverteidigung aufgedrückt, die Irreführung der Massen über die wahren Bedingungen und Aufgaben der Vaterlandsverteidigung unterstützt und besiegelt.

So ist das schwere Dilemma zwischen Vaterlandsinteressen und internationaler Solidarität des Proletariats, der tragische Konflikt, der unsere Parlamentarier nur »mit schwerem Herzen« auf die Seite des imperialistischen Krieges fallen ließ, reine Einbildung, bürgerlich-nationalistische Fiktion. Zwischen den Landesinteressen und dem Klasseninteresse der proletarischen Internationale besteht vielmehr im Krieg wie im Frieden vollkommene Harmonie: beide erfordern die energischste Entfaltung des Klassenkampfes und die nachdrücklichste Vertretung des sozialdemokratischen Programms.

Was sollte aber unsere Partei tun, um ihrer Opposition gegen den Krieg, um jenen Forderungen Nachdruck zu verleihen? Sollte sie den Massenstreik proklamieren? Oder zur Dienstverweigerung der Soldaten auffordern? So wird gewöhnlich die Frage gestellt. Eine Bejahung solcher Fragen wäre genauso lächerlich, wie wenn die Partei etwa beschließen wollte: »Wenn der Krieg ausbricht, dann machen wir Revolution.« Revolutionen werden nicht »gemacht«, und große Volksbewegungen werden nicht mit technischen Rezepten aus der Tasche der Parteiinstanzen inszeniert. Kleine Verschwörerzirkel können für einen bestimmten Tag und Stunde einen Putsch »vorbereiten«, können ihren paar Dutzend Anhängern im nötigen Moment das Signal zum »Losschlagen« geben. Massenbewegungen in großen historischen Augenblicken können mit dergleichen primitiven Mitteln nicht geleitet werden. Der »bestvorbereitete« Massenstreik kann unter Umständen just, wenn ein Parteivorstand zu ihm »das Signal« gibt, kläglich versagen oder nach einem ersten Anlauf platt zu Boden fallen. Ob große Volkskundgebungen und Massenaktionen, sei es in dieser oder jener Form, wirklich stattfinden, darüber entscheidet die ganze Menge ökonomischer, politischer und psychischer Faktoren, die jeweilige Spannung der Klassengegensätze, der Grad der Aufklärung, die Reife der Kampfstimmung der Massen, die unberechenbar sind und die keine Partei künstlich erzeugen kann. Das ist der Unterschied zwischen den großen Krisen der Geschichte und den kleinen Paradeaktionen, die eine gutdisziplinierte Partei im Frieden sauber nach dem Taktstock der »Instanzen« ausführen kann. Die geschichtliche Stunde heischt jedesmal die entsprechenden Formen der Volksbewegung und schafft sich selbst neue, improvisiert vorher unbekannte Kampfmittel, sichtet und bereichert das Arsenal des Volkes, unbekümmert um alle Vorschriften der Parteien.

Was die Führer der Sozialdemokratie als der Vorhut des klassenbewußten Proletariats zu geben hatten, waren also nicht lächerliche Vorschriften und Rezepte technischer Natur, sondern die politische Losung, die Klarheit über die politischen Aufgaben und Interessen des Proletariats im Kriege. Auf jede Massenbewegung paßt nämlich, was sich von den Massenstreiks in der russischen Revolution sagen ließ:

»Wenn die Leitung der Massenstreiks im Sinne des Kommandos über ihre Entstehung und im Sinne der Berechnung und Deckung ihrer Kosten Sache der revolutionären Periode selbst ist, so kommt dafür die Leitung in einem ganz andern Sinne der Sozialdemokratie und ihren führenden Organen zu. Statt sich mit der technischen Seite, mit dem Mechanismus der Massenbewegung fremden Kopf zu zerbrechen, ist die Sozialdemokratie berufen, die politische Leitung auch mitten in der historischen Krise zu übernehmen. Die Parole, die Richtung dem Kampfe zu geben, die Taktik des politischen Kampfes so einzurichten, daß in jeder Phase und in jedem Moment die ganze Summe der vorhandenen und bereits ausgelösten, betätigten Macht des Proletariats realisiert wird und in der Kampfstellung der Partei zum Ausdruck kommt, daß die Taktik der Sozialdemokratie nach ihrer Entschlossenheit und Schärfe nie unter dem Niveau des tatsächlichen Kräfteverhältnisses steht, sondern vielmehr diesem Verhältnis vorauseilt, das ist die wichtige Aufgabe der ‚Leitung' in der großen geschichtlichen Krise. Und diese Leitung schlägt von selbst gewissermaßen in technische Leitung um. Eine konsequente, entschlossene, vorwärtsstrebende Taktik der Sozialdemokratie ruft in der Masse das Gefühl der Sicherheit, des Selbstvertrauens und der Kampflust hervor; eine schwankende, schwächliche, auf der Unterschätzung des Proletariats basierte Taktik wirkt auf die Masse lähmend und verwirrend. Im ersteren Falle brechen Massenaktionen ‚von selbst' und immer ‚rechtzeitig' aus, im zweiten bleiben mitunter direkte Aufforderungen der Leitung zur Massenaktion erfolglos.« [R. Luxemburg, Massenstreik, Partei und Gewerkschaften. Hamburg 1907.]

Daß es nicht auf die äußere technische Form der Aktion, sondern auf ihren politischen Inhalt ankommt, beweist die Tatsache, daß zum Beispiel gerade die Parlamentstribüne, als der einzige freie, weithin vernehmbare und international sichtbare Posten, zum gewaltigen Werkzeug der Volksaufrüttelung in diesem Falle werden konnte, wenn sie von der sozialdemokratischen Vertretung dazu benutzt worden wäre, um laut und deutlich die Interessen, die Aufgaben und die Forderungen der Arbeiterklasse in dieser Krise zu formulieren.

Ob diesen Losungen der Sozialdemokratie die Massen durch ihr Verhalten Nachdruck verliehen hätten? Niemand kann das im Drang sagen. Aber das ist auch gar nicht das Entscheidende. Haben doch unsere Parlamentarier auch die Generale des preußisch-deutschen Heeres in den Krieg »vertrauensvoll« ziehen lassen, ohne ihnen etwa vor der Kreditbewilligung die seltsame Zusicherung im voraus abzufordern, daß sie unbedingt siegen werden, daß Niederlagen ausgeschlossen bleiben. Was für die militärischen Armeen, gilt auch für revolutionäre Armeen: sie nehmen den Kampf auf, wo er sich bietet, ohne im voraus die Gewißheit des Gelingens zu beanspruchen. Schlimmstenfalls wäre die Stimme der Partei zuerst ohne sichtbare Wirkung geblieben. Ja, die größten Verfolgungen wären wahrscheinlich der Lohn der mannhaften Haltung unserer Partei geworden, wie sie 1870 der Lohn Bebels und Liebknechts gewesen. »Aber was hat das zu sagen?« – meinte schlicht Ignaz Auer in seiner Rede über die Sedanfeier 1895 – , »eine Partei, welche die Welt erobern will, muß ihre Grundsätze hochhalten, ohne Rücksicht darauf, mit welchen Gefahren das verknüpft ist; sie wäre verloren, wenn sie anders handelte!«

»Gegen den Strom schwimmen ist nie leicht« – schrieb der alte Liebknecht – , »und wenn der Strom mit der reißenden Schnelle und Wucht eines Niagara dahinschnellt, dann ist's erst recht keine Kleinigkeit.

Den älteren Genossen ist noch die Sozialistenhatz des Jahres der tiefsten nationalen Schmach: der Sozialistengesetz-Schmach – 1878 – im Gedächtnis. Millionen sahen damals in jedem Sozialdemokraten einen Mörder und gemeinen Verbrecher, wie 1870 einen Vaterlandsverräter und Todfeind. Solche Ausbrüche der ‚Volksseele' haben durch ihre ungeheure Elementarkraft etwas Verblüffendes, Betäubendes, Erdrückendes. Man fühlt sich machtlos einer höheren Macht gegenüber – einer richtigen, jeden Zweifel ausschließenden force majeure. Man hat keinen greifbaren Gegner. Es ist wie eine Epidemie – in den Menschen, in der Luft, überall.

Der Ausbruch von 1878 war jedoch an Stärke und Wildheit bei weitem nicht vergleichbar mit dem von 1870. Nicht bloß dieser Orkan menschlicher Leidenschaft, der alles, was er packt, auch beugt, niederwirft, zerbricht – dazu noch die furchtbare Maschinerie des Militarismus in vollster furchtbarster Tätigkeit, und wir zwischen dem Herumsausen der eisernen Räder, deren Berührung der Tod war, und zwischen den eisernen Armen, die um uns herumschwirrten und jeden Augenblick uns fassen konnten. Neben der Elementarkraft entfesselter Geister der vollendetste Mechanismus der Mordkunst, den die Welt bis dahin gesehen. Und alles in wildester Arbeit – alle Dampfkessel geheizt zum Bersten. Wo bleibt da die Einzelkraft, der Einzelwille? Namentlich wenn man sich in verschwindender Minderheit weiß und im Volke selbst keinen sicheren Stützpunkt hat.

Unsere Partei war erst im Werden. Wir waren auf die denkbar schwerste Probe gestellt, ehe die erforderliche Organisation geschaffen war. Als die Sozialistenhatz kam, im Jahre der Schande für unsere Feinde und im Jahre des Ruhms für die Sozialdemokratie, hatten wir schon eine so starke und weitverzweigte Organisation, daß jeder durch das Bewußtsein eines mächtigen Rückhalts gekräftigt war und daß kein Denkfähiger an ein Erliegen der Partei glauben konnte.

Also eine Kleinigkeit war's nicht, damals gegen den Strom zu schwimmen. Aber was war zu machen? Was sein mußte, mußte sein. Da hieß es: die Zähne zusammenbeißen und was kommen wollte, an sich herankommen lassen. Zur Furcht war keine Zeit ... Nun, Bebel und ich ... beschäftigten uns keine Minute mit der Warnung. Das Feld räumen konnten wir nicht, wir mußten auf dem Posten bleiben, komme was komme.«

Sie blieben auf dem Posten, und die deutsche Sozialdemokratie zehrte vierzig Jahre lang von der moralischen Kraft, die sie damals gegen eine Welt von Feinden aufgeboten hatte.

So wäre es auch diesmal gegangen. Im ersten Moment wäre vielleicht nichts anderes erreicht, als daß die Ehre des deutschen Proletariats gerettet war, als daß Tausende und aber Tausende Proletarier, die jetzt in den Schützengräben bei Nacht und Nebel umkommen, nicht in dumpfer seelischer Verwirrung, sondern mit dem Lichtfunken im Hirn sterben würden, daß das, was ihnen im Leben das Teuerste war: die internationale, völkerbefreiende Sozialdemokratie, kein Trugbild sei. Aber schon als ein mächtiger Dämpfer auf den chauvinistischen Rausch und die Besinnungslosigkeit der Menge hätte die mutige Stimme unserer Partei gewirkt, sie hätte die aufgeklärten Volkskreise vor dem Delirium bewahrt, hätte den Imperialisten das Geschäft der Volksvergiftung und der Volksverdummung erschwert. Gerade der Kreuzzug gegen die Sozialdemokratie hätte die Volksmassen am raschesten ernüchtert. Sodann im weiteren Verlaufe des Krieges, im Maße, wie der Katzenjammer der unendlichen grausigen Massenschlächterei in allen Ländern wächst, wie der imperialistische Pferdefuß des Krieges immer deutlicher hervorguckt, wie der Marktlärm des blutgierigen Spekulantentums frecher wird, würde alles Lebendige, Ehrliche, Humane, Fortschrittliche sich um die Fahne der Sozialdemokratie scharen. Und dann vor allem: Die deutsche Sozialdemokratie wäre in dem allgemeinen Strudel, Zerfall und Zusammenbruch wie ein Fels im brausenden Meer der hohe Leuchtturm der Internationale geblieben, nach dem sich bald alle anderen Arbeiterparteien orientiert hätten. Die enorme moralische Autorität, welche die deutsche Sozialdemokratie bis zum 4. August 1914 in der ganzen proletarischen Welt genoß, hätte ohne jeden Zweifel auch in dieser allgemeinen Verwirrung in kurzer Frist einen Wandel herbeigeführt. Damit wäre die Friedensstimmung und der Druck der Volksmassen zum Frieden in allen Ländern gesteigert, die Beendigung des Massenmordes beschleunigt, die Zahl seiner Opfer verringert worden. Das deutsche Proletariat wäre der Turmwächter des Sozialismus und der Befreiung der Menschheit geblieben – und dies ist wohl ein patriotisches Werk, das der Jünger von Marx, Engels und Lassalle nicht unwürdig war.

VIII.

Kampf gegen den Imperialismus

Trotz Militärdiktatur und Pressezensur, trotz Versagens der Sozialdemokratie, trotz brudermörderischen Kriegs steigt aus dem »Burgfrieden« mit Elementargewalt der Klassenkampf und aus den Blutdämpfen der Schlachtfelder die internationale Solidarität der Arbeiter empor. Nicht in den schwächlichen Versuchen, die alte Internationale künstlich zu galvanisieren, nicht in den Gelöbnissen, die bald hier, bald dort erneuert werden, nach dem Kriege sofort wieder zusammenzustehen. Nein, jetzt im Kriege, aus dem Kriege ersteht mit ganz neuer Macht und Wucht die Tatsache, daß die Proletarier aller Länder ein und dieselben Interessen haben. Der Weltkrieg widerlegt selbst die von ihm geschaffene Täuschung.

Sieg oder Niederlage? So heißt die Losung des herrschenden Militarismus in jedem der kriegführenden Länder, und so haben sie, wie ein Echo, die sozialdemokratischen Führer übernommen. Um Sieg oder Niederlage auf dem Schlachtfelde soll es sich jetzt nur noch auch für die Proletarier Deutschlands wie Frankreichs, Englands wie Rußlands handeln, genau so wie für die herrschenden Klassen dieser Länder. Sobald die Kanonen donnern, soll jedes Proletariat am Siege des eigenen, also an der Niederlage der anderen Länder interessiert sein. Sehen wir zu, was ein Sieg dem Proletariat einbringen kann.

Nach der von den Führern der Sozialdemokratie kritiklos übernommenen offiziellen Version bedeutet der Sieg für Deutschland die Aussicht auf ungehinderten schrankenlosen wirtschaftlichen Aufschwung, die Niederlage aber einen wirtschaftlichen Ruin. Diese Auffassung stützt sich ungefähr auf das Schema des Krieges von 1870. Aber die kapitalistische Blüte, die in Deutschland dem Kriege von 1870 folgte, war nicht Folge des Krieges, sondern der politischen Einigung, wenn auch nur in der verkrüppelten Gestalt des von Bismarck geschaffenen Deutschen Reiches. Der wirtschaftliche Aufschwung ergab sich hier aus der Einigung trotz des Krieges und der mannigfachen reaktionären Hemmnisse in seinem Gefolge. Was der siegreiche Krieg dazu aus eigenem tat, war die Befestigung der Militärmonarchie in Deutschland und des preußischen Junkerregiments, während die Niederlage Frankreich zur Liquidierung des Kaiserreichs und zur Republik verholfen hat. Heute liegen aber die Dinge noch ganz anders in allen beteiligten Staaten. Heute funktioniert der Krieg nicht als eine dynamische Methode, dem aufkommenden jungen Kapitalismus zu den unentbehrlichsten politischen Voraussetzungen seiner »nationalen« Entfaltung zu verhelfen. Diesen Charakter trägt der Krieg höchstens, und auch nur als isoliertes Fragment betrachtet, in Serbien. Auf seinen objektiven historischen Sinn reduziert, ist der heutige Weltkrieg als Ganzes ein Konkurrenzkampf des bereits zur vollen Blüte entfalteten Kapitalismus um die Weltherrschaft, um die Ausbeutung der letzten Reste der nichtkapitalistischen Weltzonen. Daraus ergibt sich ein gänzlich veränderter Charakter des Krieges selbst und seiner Wirkungen. Der hohe Grad der weltwirtschaftlichen Entwicklung der kapitalistischen Produktion äußert sich hier sowohl in der außerordentlich hohen Technik, das heißt Vernichtungskraft der Kriegsmittel, wie in ihrer annähernd ganz gleichen Höhe bei allen kriegführenden Ländern. Die internationale Organisation der Mordwerkindustrien spiegelt sich jetzt in dem militärischen Gleichgewicht, das sich mitten durch partielle Entscheidungen und Schwankungen der Waagschalen immer wieder herstellt und eine allgemeine Entscheidung immer wieder hinausschiebt. Die Unentschiedenheit der militärischen Kriegsergebnisse führt ihrerseits dazu, daß immer neue Reserven sowohl an Bevölkerungsmassen der Kriegführenden wie an bisher neutralen Ländern ins Feuer geschickt werden. An imperialistischen Gelüsten und Gegensätzen findet der Krieg überall aufgehäuftes Material, schafft selbst neues herbei und breitet sich so wie ein Steppenbrand aus. Je gewaltigere Massen aber und je mehr Länder auf allen Seiten in den Weltkrieg gezerrt werden, um so mehr wird seine Dauer hinausgezogen. All das zusammen ergibt als die Wirkung des Krieges noch vor jeder militärischen Entscheidung über Sieg oder Niederlage ein in den früheren Kriegen der Neuzeit unbekanntes Phänomen: den wirtschaftlichen Ruin aller beteiligten und in immer höherem Maße auch der formell unbeteiligten Länder. Jeder weitere Monat der Dauer des Krieges befestigt und steigert dieses Ergebnis und nimmt so vorweg die erwarteten Früchte des militärischen Erfolges auf ein Jahrzehnt hinaus. An diesem Ergebnis kann weder Sieg noch Niederlage in letzter Rechnung etwas ändern, es macht umgekehrt die rein militärische Entscheidung überhaupt zweifelhaft und führt mit immer größerer Wahrscheinlichkeit zur schließlichen Beendigung des Krieges durch äußerste allseitige Erschöpfung. Unter diesen Umständen würde aber auch ein siegreiches Deutschland – selbst wenn es seinen imperialistischen Kriegshetzern gelingen sollte, den Massenmord bis zur völligen Niederschlagung aller Gegner zu führen, und wenn diese kühnen Träume je in Erfüllung gehen sollten – nur einen Pyrrhussieg davontragen. Seine Trophäen wären: einige auf den Bettelstab gebrachte entvölkerte Annexionsgebiete und ein grinsender Ruin unter eigenem Dache, der sich sofort zeigen wird, wenn die gemalte Kulisse der Finanzwirtschaft mit Kriegsanleihen und die Potemkinschen Dörfer des durch Kriegslieferungen in Betrieb gehaltenen »unerschütterlichen Volkswohlstandes« auf die Seite geschoben werden. Daß auch der siegreichste Staat heute an keine Kriegsentschädigung denken kann, die im entferntesten die durch diesen Krieg geschlagenen Wunden zu heilen imstande wäre, ist für den oberflächlichsten Beobachter klar. Einen Ersatz dafür und eine Ergänzung des »Sieges« würde der vielleicht noch etwas größere ökonomische Ruin der besiegten Gegenseite: Frankreichs und Englands bieten, das heißt derjenigen Länder, mit denen Deutschland durch wirtschaftliche Beziehungen am engsten verknüpft, von deren Wohlstand sein eigenes Wiederaufblühen am meisten abhängig ist. Das ist der Rahmen, in dem es sich für das deutsche Volk nach dem Kriege – wohlgemerkt nach einem »siegreichen« Kriege – , darum handeln würde, die auf Vorschuß von der patriotischen Volksvertretung »bewilligten« Kriegskosten nachträglich in Wirklichkeit zu decken, das heißt eine unermeßliche Last von Steuern zusammen mit der erstarkten militärischen Reaktion als die einzige bleibende, greifbare Frucht des »Sieges« auf seine Schultern zu nehmen.

Sucht man sich nun die schlimmsten Ergebnisse einer Niederlage vorzustellen, so sind sie – ausgenommen die imperialistischen Annexionen-, Zug um Zug demselben Bilde ähnlich, das sich als unabweisbare Konsequenz aus dem Sieg ergab: die Wirkungen der Kriegführung selbst sind heute so tiefgreifender und weittragender Natur, daß an ihnen der militärische Ausgang nur wenig zu ändern imstande ist.

Doch nehmen wir für einen Augenblick an, der siegreiche Staat verstände dennoch, den größeren Ruin von sich ab- und dem besiegten Gegner aufzuwälzen, dessen wirtschaftliche Entwicklung durch allerlei Hemmnisse einzuschnüren. Kann die deutsche Arbeiterklasse in ihrem gewerkschaftlichen Kampf nach dem Kriege erfolgreich vorwärts kommen, wenn die gewerkschaftliche Aktion der französischen, englischen, belgischen, italienischen Arbeiter durch wirtschaftlichen Rückgang unterbunden wird? Bis 1870 schritt noch die Arbeiterbewegung in jedem Lande für sich, ja, in einzelnen Städten fielen ihre Entscheidungen. Es war Paris, auf dessen Pflaster die Schlachten des Proletariats geschlagen und entschieden wurden. Die heutige Arbeiterbewegung, ihr mühsamer wirtschaftlicher Tageskampf, ihre Massenorganisation sind auf Zusammenwirkung aller Länder der kapitalistischen Produktion basiert. Gilt der Satz, daß nur auf dem Boden eines gesunden, kräftig pulsierenden wirtschaftlichen Lebens die Sache der Arbeiter gedeihen kann, dann gilt er nicht bloß für Deutschland, sondern auch für Frankreich, England, Belgien, Rußland, Italien. Und stagniert die Arbeiterbewegung in allen kapitalistischen Staaten Europas, bestehen dort niedrige Löhne, schwache Gewerkschaften, geringe Widerstandskraft der Ausgebeuteten, dann kann die Gewerkschaftsbewegung unmöglich in Deutschland blühen. Von diesem Standpunkte aus ist es für die Lage des Proletariats in seinem wirtschaftlichen Kampfe in letzter Rechnung genau derselbe Verlust, wenn der deutsche Kapitalismus auf Kosten des französischen oder der englische auf Kosten des deutschen gekräftigt wird.

Wenden wir uns aber an die politischen Ergebnisse des Krieges. Hier dürfte die Unterscheidung leichter sein als auf dem ökonomischen Gebiete. Seit jeher wandten sich die Sympathien und die Parteinahme der Sozialisten derjenigen kriegführenden Seite zu, die den historischen Fortschritt gegen die Reaktion verfocht. Welche Seite vertritt in dem heutigen Weltkriege den Fortschritt und welche die

Reaktion? Es ist klar, daß diese Frage nicht nach den äußerlichen Merkmalen der kriegführenden Staaten, wie »Demokratie« oder »Absolutismus« beurteilt werden kann, sondern lediglich nach den objektiven Tendenzen der von jeder Seite vertretenen weltpolitischen Stellung. Ehe wir beurteilen können, was ein deutscher Sieg dem deutschen Proletariat eintragen kann, müssen wir ins Auge fassen, wie er auf die Gesamtgestaltung der politischen Verhältnisse Europas einwirken würde. Der entschiedene Sieg Deutschlands würde als nächstes Ergebnis die Annexion Belgiens sowie möglicherweise noch einiger Landstriche im Osten und Westen und eines Teils der französischen Kolonien herbeiführen, zugleich die Erhaltung der habsburgischen Monarchie und ihre Bereicherung um neue Gebiete, endlich die Erhaltung einer fiktiven »Integrität« der Türkei unter deutschem Protektorat, d. h. gleichzeitige Verwandlung Kleinasiens und Mesopotamiens in dieser oder jener Form faktisch in deutsche Provinzen. Im weiteren Ergebnis würde daraus die tatsächliche militärische und ökonomische Hegemonie Deutschlands in Europa erfolgen. Alle diese Resultate eines durchgreifenden militärischen Sieges Deutschlands sind nicht etwa deshalb zu gewärtigen, weil sie den Wünschen imperialistischer Schreier im heutigen Kriege entsprechen, sondern weil sie sich als ganz unvermeidliche Konsequenzen aus der einmal eingenommenen weltpolitischen Position Deutschlands ergeben, aus den Gegensätzen zu England, Frankreich und Rußland, in die sich Deutschland hineingerannt und die sich im Laufe des Krieges selbst über ihre anfänglichen Dimensionen ungeheuer hinausgewachsen haben. Es genügt jedoch, sich diese Resultate zu vergegenwärtigen, um einzusehen, daß sie unter keinen Umständen ein irgendwie haltbares weltpolitisches Gleichgewicht ergeben würden. Wie sehr auch der Krieg für alle Beteiligten und vielleicht noch mehr für die

Besiegten einen Ruin bedeuten mag, die Vorbereitungen zu einem neuen Weltkriege unter Englands Führung würden am anderen Tage nach dem Friedensschluß beginnen, um das Joch des preußisch-deutschen Militarismus, das auf Europa und Vorderasien lasten würde, abzuschütteln. Ein Sieg Deutschlands wäre somit nur ein Vorspiel zum alsbaldigen zweiten Weltkrieg und dadurch nur ein Signal zu neuen fieberhaften militärischen Rüstungen sowie zur Entfesselung der schwärzesten Reaktion in allen Ländern, aber in erster Linie in Deutschland selbst. Auf der anderen Seite führt der Sieg Englands und Frankreichs für Deutschland höchstwahrscheinlich zum Verlust wenigstens eines Teiles der Kolonien sowie der Reichslande und ganz sicher zum Bankrott der weltpolitischen Stellung des deutschen Imperialismus. Das bedeutet aber: die Zerstückelung Österreich-Ungarns und die gänzliche Liquidierung der Türkei. So erzreaktionäre Gebilde nun beide Staaten sind und so sehr ihr Zerfall an sich den Anforderungen der fortschrittlichen Entwicklung entspricht, in dem heutigen konkreten weltpolitischen Milieu könnte der Zerfall der habsburgischen Monarchie wie der Türkei auf nichts anderes hinauslaufen als auf die Verschacherung ihrer Länder und Völker an Rußland, England, Frankreich und Italien. An diese grandiose Weltumteilung und Machtverschiebung am Balkan und am Mittelmeer würde sich aber eine weitere in Asien: die Liquidierung Persiens und eine neue Zerstückelung Chinas unaufhaltsam anschließen. Damit rückt der englisch-russische sowie der englisch-japanische Gegensatz in den Vordergrund der Weltpolitik, was vielleicht schon im unmittelbaren Anschluß an die Liquidierung des heutigen Weltkrieges einen neuen Weltkrieg etwa um Konstantinopel nach sich ziehen, ihn jedenfalls zur unausweichlichen weiteren Perspektive machen würde. Auch von dieser Seite führt der Sieg also dazu, neue fieberhafte Rüstungen in allen Staaten – das besiegte Deutschland selbstverständlich mit an der Spitze-, und damit eine Ära der ungeteilten Herrschaft des Militarismus und der Reaktion in ganz Europa vorzubereiten, mit einem neuen Weltkrieg als Endziel.

So ist die proletarische Politik, wenn sie vom Standpunkte des Fortschritts und der Demokratie für die eine oder die andere Seite im heutigen Kriege Partei ergreifen sollte, die Weltpolitik und ihre weiteren Perspektiven im ganzen genommen, zwischen der Szylla und der Charybdis eingeschlossen, und die Frage: Sieg oder Niederlage kommt unter diesen Umständen für die europäische Arbeiterklasse in politischer genau wie in ökonomischer Beziehung auf die hoffnungslose Wahl zwischen zwei Trachten Prügel hinaus. Es ist deshalb nichts als ein verhängnisvoller Wahn, wenn die französischen Sozialisten vermeinen, durch militärische Niederwerfung Deutschlands dem Militarismus oder gar dem Imperialismus aufs Haupt zu schlagen und der friedlichen Demokratie die Bahn in der Welt zu brechen. Der Imperialismus und in seinem Dienste der Militarismus kommen vielmehr bei jedem Siege und bei jeder Niederlage in diesem Kriege vollauf auf ihre Rechnung, ausgenommen den einzigen Fall: wenn das internationale Proletariat durch seine revolutionäre Intervention einen dicken Strich durch jene Rechnung macht.

Die wichtigste Lehre für die Politik des Proletariats aus dem heutigen Kriege ist deshalb die unerschütterliche Tatsache, daß es sich weder in Deutschland noch in Frankreich, weder in England noch in Rußland zum kritiklosen Echo der Losung: Sieg oder Niederlage machen darf, einer Losung, die einzig vom Standpunkte des Imperialismus realen Gehalt hat und für jeden Großstaat mit der Frage: Erwerb oder Verlust der weltpolitischen Machtstellung, der Annexionen, Kolonien und der militärischen Vorherrschaft identisch ist. Für das europäische Proletariat im ganzen sind heute von seinem Klassenstandpunkt Sieg und Niederlage jedes der kriegführenden Lager gleich verhängnisvoll. Es ist eben der Krieg als solcher und bei jedem militärischen Ausgang, der die denkbar größte Niederlage für das europäische Proletariat bedeutet, es ist die Niederkämpfung des Krieges und die schleunigste Erzwingung des Friedens durch die internationale Kampfaktion des Proletariats, die den einzigen Sieg für die proletarische Sache bringen kann. Und dieser Sieg allein kann zugleich die wirkliche Rettung Belgiens wie der Demokratie in Europa bewirken.

In dem heutigen Kriege kann das klassenbewußte Proletariat mit keinem militärischen Lager seine Sache identifizieren. Folgt etwa daraus, daß die proletarische Politik heute das Festhalten am status quo erfordert, daß wir kein anderes Aktionsprogramm haben als den Wunsch: alles soll beim alten bleiben, wie es vor dem Kriege war? Aber der bestehende Zustand ist nie unser Ideal, er ist nie der Ausdruck der Selbstbestimmung der Völker gewesen Noch mehr: der frühere Zustand läßt sich gar nicht mehr retten, er existiert nicht mehr, selbst wenn die bisherigen Staatsgrenzen bestehen blieben. Der Krieg hat schon vor der formalen Liquidation seiner Ergebnisse eine gewaltige Verschiebung der Machtverhältnisse, der gegenseitigen Kräfteeinschätzung, der Bündnisse und der Gegensätze gebracht, er hat die Beziehungen der Staaten zueinander und der Klassen innerhalb der Gesellschaft einer so scharfen Revision unterzogen, soviel alte Illusionen und Potenzen vernichtet, soviel neuen Drang und neue Aufgaben geschaffen, daß die Rückkehr zum alten Europa, wie es vor dem 4. August 1914 war, ganz so ausgeschlossen ist wie die Rückkehr zu vorrevolutionären Verhältnissen auch nach einer niedergeschlagenen Revolution. Die Politik des Proletariats kennt auch nie ein »Zurück«, sie kann nur vorwärts streben, sie muß immer über das Bestehende und das Neugeschaffene hinausgehen. In diesem Sinne allein vermag sie beiden Lagern des imperialistischen Weltkrieges ihre eigene Politik entgegenzustellen.

Aber diese Politik kann nicht darin bestehen, daß die sozialdemokratischen Parteien jede für sich oder gemeinsam auf internationalen Konferenzen um die Wette Projekte machen und Rezepte für die bürgerliche Diplomatie ausklügeln, wie diese den Frieden schließen soll, um die weitere friedliche und demokratische Entwicklung zu ermöglichen. Alle Forderungen, die etwa auf die völlige oder stückweise »Abrüstung«, auf die Abschaffung der Geheimdiplomatie, auf Zerschlagung aller Großstaaten in nationale Kleinstaaten und dergleichen mehr hinauslaufen, sind samt und sonders völlig utopisch, solange die kapitalistische Klassenherrschaft das Heft in den Händen behält. Diese kann zumal unter dem jetzigen imperialistischen Kurs so wenig auf den heutigen Militarismus, auf die Geheimdiplomatie, auf den zentralistischen gemischtnationalen Großstaat verzichten, daß die betreffenden Postulate eigentlich mit mehr Konsequenz allesamt auf die glatte »Forderung« hinauslaufen: Abschaffung des kapitalistischen Klassenstaates. Nicht mit utopischen Ratschlägen und Projekten, wie der Imperialismus im Rahmen des bürgerlichen Staates durch partielle Reformen zu mildern, zu zähmen, zu dämpfen wäre, kann die proletarische Politik sich wieder den ihr gebührenden Platz erobern. Das eigentliche Problem, das der Weltkrieg vor die sozialistischen Parteien gestellt hat und von dessen Lösung die weiteren Schicksale der Arbeiterbewegung abhängen, das ist die Aktionsfähigkeit der proletarischen Massen im Kampfe gegen den Imperialismus. Nicht an Postulaten, Programmen, Losungen fehlt es dem internationalen Proletariat, sondern an Taten, an wirksamem Widerstand, an der Fähigkeit, den Imperialismus im entscheidenden Moment gerade im Kriege anzugreifen und die alte Losung »Krieg dem Kriege« in die Praxis umzusetzen. Hier ist der Rhodus, wo es zu springen gilt, hier der Knotenpunkt der proletarischen Politik und ihrer ferneren Zukunft.

Der Imperialismus mit all seiner brutalen Gewaltpolitik und Kette unaufhörlicher sozialer Katastrophen, die er provoziert, ist freilich für die herrschenden Klassen der heutigen kapitalistischen Welt eine historische Notwendigkeit. Nichts wäre verhängnisvoller, als wenn sich das Proletariat selbst aus dem jetzigen Weltkriege die geringste Illusion und Hoffnung auf die Möglichkeit einer idyllischen und friedlichen Weiterentwicklung des Kapitalismus retten würde. Aber der Schluß, der aus der geschichtlichen Notwendigkeit des Imperialismus für die proletarische Politik folgt, ist nicht, daß sie vor dem Imperialismus kapitulieren muß, um sich fortab in seinem Schatten vom Gnadenknochen seiner Siege zu nähren.

Die geschichtliche Dialektik bewegt sich eben in Widersprüchen und setzt auf jede Notwendigkeit auch ihr Gegenteil in die Welt. Die bürgerliche Klassenherrschaft ist zweifellos eine historische Notwendigkeit, aber auch der Aufruhr der Arbeiterklasse gegen sie; das Kapital ist eine historische Notwendigkeit, aber auch sein Totengräber, der sozialistische Proletarier; die Weltherrschaft des Imperialismus ist eine historische Notwendigkeit, aber auch ihr Sturz durch die proletarische Internationale. Auf Schritt und Tritt gibt es zwei historische Notwendigkeiten, die zueinander in Widerstreit geraten, und die unsrige, die Notwendigkeit des Sozialismus, hat einen längeren Atem. Unsere Notwendigkeit tritt in ihr volles Recht mit dem Moment, wo jene andere, die bürgerliche Klassenherrschaft, aufhört, Trägerin des geschichtlichen Fortschritts zu sein, wo sie zum Hemmschuh, zur Gefahr für die weitere Entwicklung der Gesellschaft wird. Dies hat für die kapitalistische Gesellschaftsordnung gerade der heutige Weltkrieg enthüllt.

Der imperialistische Expansionsdrang des Kapitalismus als der Ausdruck seiner höchsten Reife, seines letzten Lebensabschnitts, hat zur ökonomischen Tendenz, die gesamte Welt in eine kapitalistisch produzierende zu verwandeln, alle veralteten, vorkapitalistischen Produktions- und Gesellschaftsformen wegzufegen, alle Reichtümer der Erde und alle Produktionsmittel zum Kapital, die arbeitenden Volksmassen aller Zonen zu Lohnsklaven zu machen. In Afrika und Asien, vom nördlichsten Gestade bis zur Südspitze Amerikas und in der Südsee werden die Überreste alter urkommunistischer Verbände, feudaler Herrschaftsverhältnisse, patriarchalischer Bauernwirtschaften, uralter Handwerksproduktionen vom Kapital vernichtet, zerstampft, ganze Völker aus gerottet, uralte Kulturen dem Erdboden gleichgemacht, um an ihre Stelle die Profitmacherei in modernster Form zu setzen. Dieser brutale Siegeszug des Kapitals in der Welt, gebahnt und begleitet durch alle Mittel der Gewalt, des Raubes und der Infamie hatte eine Lichtseite: er schuf die Vorbedingungen zu seinem eigenen endgültigen Untergang, er stellte die kapitalistische Weltherrschaft her, auf die allein die sozialistische Weltrevolution folgen kann. Dies war die einzige kulturelle und fortschrittliche Seite seiner sogenannten großen Kulturwerke in den primitiven Ländern. Für bürgerlich-liberale Ökonomen und Politiker sind Eisenbahnen, schwedische Zündhölzer, Straßenkanalisation und Kaufhäuser »Fortschritt« und »Kultur«. An sich sind jene Werke, auf die primitiven Zustände gepfropft, weder Kultur noch Fortschritt, denn sie werden mit einem jähen wirtschaftlichen und kulturellen Ruin der Völker erkauft, die den ganzen

Jammer und alle Schrecken zweier Zeitalter: der traditionellen naturalwirtschaftlichen Herrschaftsverhältnisse und der modernsten raffiniertesten kapitalistischen Ausbeutung, auf einmal auszukosten haben. Nur als materielle Vorbedingungen für die Aufhebung der Kapitalherrschaft, für die Abschaffung der Klassengesellschaft überhaupt trugen die Werke des kapitalistischen Siegeszuges in der Welt den Stempel des Fortschritts im weiteren geschichtlichen Sinne. In diesem Sinne arbeitete der Imperialismus in letzter Linie für uns.

Der heutige Weltkrieg ist eine Wende in seiner Laufbahn. Zum ersten Male sind jetzt die reißenden Bestien, die vom kapitalistischen Europa auf alle anderen Weltteile losgelassen waren, mit einem Satz mitten in Europa eingebrochen. Ein Schrei des Entsetzens ging durch die Welt, als Belgien, das kostbare kleine Juwel der europäischen Kultur, als die ehrwürdigsten Kulturdenkmäler in Nordfrankreich unter dem Anprall einer blinden Vernichtungskraft klirrend in Scherben fielen. Die »Kulturwelt«, welche gelassen zugesehen hatte, als derselbe Imperialismus Zehntausende Hereros dem grausigsten Untergang weihte und die Kalahariwüste mit dem Wahnsinnsschrei Verdurstender, mit dem Röcheln Sterbender füllte, als in Putumayo binnen zehn Jahren vierzigtausend Menschen von einer Bande europäischer Industrieritter zu Tode gemartert, der Rest eines Volkes zu Krüppeln geschlagen wurde, als in China eine uralte Kultur unter Brand und Mord von der europäischen Soldateska allen Greueln der Vernichtung und der Anarchie preisgegeben ward, als Persien ohnmächtig in der immer enger zugezogenen Schlinge der fremden Gewaltherrschaft erstickte, als in Tripolis die Araber mit Feuer und Schwert unter das Joch des Kapitals gebeugt, ihre Kultur, ihre Wohnstätten dem Erdboden gleichgemacht wurden-diese »Kulturwelt« ist erst heute gewahr geworden, daß der Biß der imperialistischen Bestien todbringend, daß ihr Odem Ruchlosigkeit ist. Sie hat es erst bemerkt, als die Bestien ihre reißenden Pranken in den eigenen Mutterschoß, in die bürgerliche Kultur Europas krallten. Und auch diese Erkenntnis ringt sich in der verzerrten Form der bürgerlichen Heuchelei durch, worin jedes Volk die Infamie nur in der nationalen Uniform des anderen erkennt. »Die deutschen Barbaren!«- wie wenn nicht jedes Volk, das zum organisierten Mord auszieht, sich in demselben Augenblick in eine Horde Barbaren verwandelte. »Die Kosaken-Greuel!« – wie wenn nicht der Krieg an sich der Greuel aller Greuel, wie wenn die Anpreisung der Menschenschlächterei als Heldentum in einem sozialistischen Jugendblatt nicht geistiges Kosakentum in Reinkultur wäre!

Aber das heutige Wüten der imperialistischen Bestialität in den Fluren Europas hat noch eine Wirkung, für welche die »Kulturwelt« kein entsetztes Auge, kein schmerzzuckendes Herz hat: das ist der Massenuntergang des europäischen Proletariats. Nie hat ein Krieg in diesem Maße ganze Volksschichten ausgerottet, nie hat er seit einem Jahrhundert derart sämtliche große und alte Kulturländer Europas ergriffen. Millionen Menschenleben werden in den Vogesen, in den Ardennen, in Belgien, in Polen, in den Karpathen, an der Save vernichtet, Millionen werden zu Krüppeln geschlagen. Aber unter diesen Millionen sind neun Zehntel das arbeitende Volk aus Stadt und Land. Es ist unsere Kraft, unsere Hoffnung, die dort reihenweise wie das Gras unter der Sichel tagtäglich dahingemäht wird. Es sind die besten, intelligentesten, geschultesten Kräfte des internationalen Sozialismus, die Träger der heiligsten Traditionen und des kühnsten Heldentums der modernen Arbeiterbewegung, die Vordertruppen des gesamten Weltproletariats: die Arbeiter Englands, Frankreichs, Belgiens, Deutschlands, Rußlands, die jetzt zuhauf niedergeknebelt, niedergemetzelt werden. Diese Arbeiter der führenden kapitalistischen Länder Europas sind es ja gerade, die die geschichtliche Mission haben, die sozialistische Umwälzung durchzuführen. Nur aus Europa, nur aus den ältesten kapitalistischen Ländern kann, wenn die Stunde reif ist, das Signal zur menschenbefreienden sozialen Revolution ausgehen. Nur die englischen, französischen, belgischen, deutschen, russischen, italienischen Arbeiter gemeinsam können die Armee der Ausgebeuteten und Geknechteten der fünf Weltteile voranführen. Nur sie können, wenn die Zeit kommt, für die jahrhundertealten Verbrechen des Kapitalismus an allen primitiven Völkern, für sein Vernichtungswerk auf dem Erdenrund Rechenschaft fordern und Vergeltung üben. Aber zum Vordringen und zum Siege des Sozialismus gehört ein starkes, aktionsfähiges, geschultes Proletariat, gehören Massen, deren Macht sowohl in ihrer geistigen Kultur wie in ihrer Zahl liegt. Und diese Massen werden gerade durch den Weltkrieg dezimiert. Die Blüte des Mannesalters und der Jugendkraft Hunderttausender, deren sozialistische Schulung in England und Frankreich, in Belgien, Deutschland und Rußland das Produkt jahrzehntelanger Aufklärungs- und Agitationsarbeit war, andere Hunderttausende, die morgen für den Sozialismus gewonnen werden konnten, fallen und vermodern elend auf den Schlachtfeldern. Die Frucht jahrzehntelanger Opfer und Mühen von Generationen wird in wenigen Wochen vernichtet, die Kerntruppen des internationalen Proletariats werden an der Lebenswurzel ergriffen.

Der Aderlaß der Junischlächterei hatte die französische Arbeiterbewegung für anderthalb Jahrzehnte lahmgelegt. Der Aderlaß der Kommunemetzelei hat sie nochmals um mehr als ein Jahrzehnt zurückgeworfen. Was jetzt vorgeht, ist eine nie dagewesene Massenabschlachtung, die immer mehr die erwachsene Arbeiterbevölkerung aller führenden

Kulturländer auf Frauen, Greise und Krüppel reduziert, ein Aderlaß, an dem die europäische Arbeiterbewegung zu verbluten droht. Noch ein solcher Weltkrieg, und die Aussichten des Sozialismus sind unter den von der imperialistischen Barbarei aufgetürmten Trümmern begraben. Das ist noch mehr als die ruchlose Zerstörung Löwens und der Reimser Kathedrale. Das ist ein Attentat nicht auf die bürgerliche Kultur der Vergangenheit, sondern auf die sozialistische Kultur der Zukunft, ein tödlicher Streich gegen diejenige Kraft, die die Zukunft der Menschheit in ihrem Schoß trägt und die allein die kostbaren Schätze der Vergangenheit in eine bessere Gesellschaft hinüberretten kann. Hier enthüllt der Kapitalismus seinen Totenschädel, hier verrät er, daß sein historisches Daseinsrecht verwirkt, seine weitere Herrschaft mit dem Fortschritt der Menschheit nicht mehr vereinbar ist.

Hier erweist sich aber auch der heutige Weltkrieg nicht bloß als ein grandioser Mord, sondern auch als Selbstmord der europäischen Arbeiterklasse. Es sind ja die Soldaten des Sozialismus, die Proletarier Englands, Frankreichs, Deutschlands, Rußlands, Belgiens selbst, die einander auf Geheiß des Kapitals seit Monaten abschlachten, einander das kalte Mordeisen ins Herz stoßen, einander mit tödlichen Armen umklammernd, zusammen ins Grab hinabtaumeln.

»Deutschland, Deutschland über alles! Es lebe die Demokratie! Es lebe der Zar und das Slawentum! Zehntausende Zeltbahnen, garantiert vorschriftsmäßig! Hunderttausend Kilo Speck, Kaffee-Ersatz, sofort lieferbar!« … Die Dividenden steigen, und die Proletarier fallen. Und mit jedem sinkt ein Kämpfer der Zukunft, ein Soldat der Revolution, ein Retter der Menschheit vom Joch des Kapitalismus ins Grab.

Der Wahnwitz wird erst aufhören und der blutige Spuk der Hölle wird verschwinden, wenn die Arbeiter in Deutschland und Frankreich, in England und Rußland endlich aus ihrem Rausch erwachen, einander brüderlich die Hand reichen und den bestialischen Chorus der imperialistischen Kriegshetzer wie den heiseren Schrei der kapitalistischen Hyänen durch den alten mächtigen Schlachtruf der Arbeit überdonnern: Proletarier aller Länder, vereinigt euch!

ANHANG

Leitsätze über die Aufgaben der internationalen Sozialdemokratie

Eine größere Anzahl von Genossen aus allen Teilen Deutschlands hat die folgenden Leitsätze angenommen, die eine Anwendung des Erfurter Programms auf die gegenwärtigen Probleme des internationalen Sozialismus darstellen.

1. Der Weltkrieg hat die Resultate der vierzigjährigen Arbeit des europäischen Sozialismus zunichte gemacht, indem er die Bedeutung der revolutionären Arbeiterklasse als eines politischen Machtfaktors und das moralische Prestige des Sozialismus vernichtet, die proletarische Internationale gesprengt, ihre Sektionen zum Brudermord gegeneinander geführt und die Wünsche und Hoffnungen der Volksmassen in den wichtigsten Ländern der kapitalistischen Entwicklung an das Schiff des Imperialismus gekettet hat.

2. Durch die Zustimmung zu den Kriegskrediten und die Proklamation des Burgfriedens haben die offiziellen Führer der sozialistischen Parteien in Deutschland, Frankreich und England (mit Ausnahme der Unabhängigen Arbeiterpartei) dem Imperialismus den Rücken gestärkt, die Volksmassen zum geduldigen Ertragen des Elends und der Schrecken des Krieges veranlaßt und so zur zügellosen Entfesselung der imperialistischen Raserei, zur Verlängerung des Gemetzels und zur Vermehrung seiner Opfer beigetragen, die Verantwortung für den Krieg und seine Folgen mitübernommen.

3. Diese Taktik der offiziellen Parteiinstanzen der kriegführenden Länder, in allerester Linie in Deutschland, dem bisherigen führenden Lande der Internationale, bedeutet einen Verrat an den elementarsten Grundsätzen des internationalen Sozialismus, an den Lebensinteressen der Arbeiterklasse, an allen demokratischen Interessen der Völker. Dadurch ist die sozialistische Politik auch in jenen Ländern zur Ohnmacht verurteilt worden, wo die Parteiführer ihren Pflichten treu geblieben sind: in Rußland, Serbien, Italien und – mit einer Ausnahme – Bulgarien.

4. Indem die offizielle Sozialdemokratie der führenden Länder den Klassenkampf im Kriege preisgab und auf die Zeit nach dem Kriege verschob, hat sie den herrschenden Klassen in allen Ländern Frist gewährt, ihre Positionen auf Kosten des Proletariats wirtschaftlich, politisch und moralisch ungeheuer zu stärken.

5. Der Weltkrieg dient weder der nationalen Verteidigung, noch den wirtschaftlichen oder politischen Interessen irgendwelcher Volksmassen, er ist lediglich eine Ausgeburt imperialistischer Rivalitäten zwischen den kapitalistischen Klassen verschiedener Länder um die Weltherrschaft und um das Monopol in der Aussaugung und Unterdrückung der noch nicht vom Kapital beherrschten Gebiete. In der Ära dieses entfesselten Imperialismus kann es keine nationalen Kriege mehr geben. Die nationalen Interessen dienen nur als Täuschungsmittel, um die arbeitenden Volksmassen ihrem Todfeind, dem Imperialismus, dienstbar zu machen.

6. Aus der Politik der imperialistischen Staaten und aus dem imperialistischen Kriege kann für keine unterdrückte Nation Freiheit und Unabhängigkeit hervorsprießen. Die kleinen Nationen, deren herrschende Klassen Anhängsel und Mitschuldige ihrer Klassengenossen in den Großstaaten sind, bilden nur Schachfiguren in dem imperialisti-

schen Spiel der Großmächte und werden ebenso wie deren arbeitende Massen während des Krieges als Werkzeug mißbraucht, um nach dem Kriege den kapitalistischen Interessen geopfert zu werden.

7. Der heutige Weltkrieg bedeutet unter diesen Umständen bei jeder Niederlage und bei jedem Sieg eine Niederlage des Sozialismus und der Demokratie. Er treibt bei jedem Ausgang – ausgenommen die revolutionäre Intervention des internationalen Proletariats- zur Stärkung des Militarismus, der internationalen Gegensätze, der weltwirtschaftlichen Rivalitäten. Er steigert die kapitalistische Ausbeutung und die innerpolitische Reaktion, schwächt die öffentliche Kontrolle und drückt die Parlamente zu immer gehorsameren Werkzeugen des Militarismus herab. Der heutige Weltkrieg entwickelt so zugleich alle Voraussetzungen neuer Kriege.

8. Der Weltfriede kann nicht gesichert werden durch utopische oder im Grunde reaktionäre Pläne wie internationale Schiedsgerichte kapitalistischer Diplomaten, diplomatische Abmachungen über „Abrüstung", „Freiheit der Meere", Abschaffung des Seebeuterechts, „europäische Staatenbünde", „mitteleuropäische Zollvereine", nationale Pufferstaaten und dergleichen. Imperialismus, Militarismus und Kriege sind nicht zu beseitigen oder einzudämmen, solange die kapitalistischen Klassen unbestritten ihre Klassenherrschaft ausüben. Das einzige Mittel, ihnen erfolgreich Widerstand zu leisten, und die einzige Sicherung des Weltfriedens ist die politische Aktionsfähigkeit und der revolutionäre Wille des internationalen Proletariats, seine Macht in die Waagschale zu werfen.

9. Der Imperialismus als letzte Lebensphase und höchste Entfaltung der politischen Weltherrschaft des Kapitals ist der gemeinsame Todfeind des Proletariats aller Länder. Aber er teilt auch mit den früheren Phasen des Kapitalis-

mus das Schicksal, die Kräfte seines Todfeinds in demselben Umfange zu stärken, wie er sich selbst entfaltet. Er beschleunigt die Konzentration des Kapitals, die Zermürbung des Mittelstands, die Vermehrung des Proletariats, weckt den wachsenden Widerstand der Massen und führt so zur intensiven Verschärfung der Klassengegensätze. Gegen den Imperialismus muß der proletarische Klassenkampf im Frieden wie im Krieg in erster Reihe konzentriert werden. Der Kampf gegen ihn ist für das internationale Proletariat zugleich der Kampf um die politische Macht im Staate, die entscheidende Auseinandersetzung zwischen Sozialismus und Kapitalismus. Das sozialistische Endziel wird von dem internationalen Proletariat nur verwirklicht, indem es gegen den Imperialismus auf der ganzen Linie Front macht und die Losung: „Krieg dem Kriege" unter Aufbietung der vollen Kraft und des äußersten Opfermutes zur Richtschnur seiner praktischen Politik erhebt.

10. Zu diesem Zwecke richtet sich die Hauptaufgabe des Sozialismus heute darauf, das Proletariat aller Länder zu einer lebendigen revolutionären Macht zusammenzufassen, es durch eine starke internationale Organisation mit einheitlicher Auffassung seiner Interessen und Aufgaben, mit einheitlicher Taktik und politischer Aktionsfähigkeit im Frieden wie im Kriege zu dem entscheidenden Faktor des politischen Lebens zu machen, wozu es durch die Geschichte berufen ist.

11. Die II. Internationale ist durch den Krieg gesprengt. Ihre Unzulänglichkeit hat sich erwiesen durch ihre Unfähigkeit, einen wirksamen Damm gegen die nationale Zersplitterung im Kriege aufzurichten und eine gemeinsame Taktik und Aktion des Proleariats in allen Ländern durchzuführen.

12. Angesichts des Verrats der offiziellen Vertretungen der sozialistischen Parteien der führenden Länder an den

Zielen und Interessen der Arbeiterklasse, angesichts ihrer Abschwenkung vom Boden der proletarischen Internationale auf den Boden der bürgerlich-imperialistischen Politik ist es eine Lebensnotwendigkeit für den Sozialismus, eine neue Arbeiter-Internationale zu schaffen, welche die Leitung und Zusammenfassung des revolutionären Klassenkampfes gegen den Imperialismus in allen Ländern übernimmt.

Sie muß, um ihre historische Aufgabe zu lösen, auf folgenden Grundlagen beruhen:

1. Der Klassenkampf im Innern der bürgerlichen Staaten gegen die herrschenden Klassen und die internationale Solidarität der Proletarier aller Länder sind zwei unzertrennliche Lebensregeln der Arbeiterklasse in ihrem welthistorischen Befreiungskampfe. Es gibt keinen Sozialismus außerhalb der internationalen Solidarität des Proletariats, und es gibt keinen Sozialismus außerhalb des Klassenkampfes. Das sozialistische Proletariat kann weder im Frieden noch im Kriege auf Klassenkampf und auf internationale Solidarität verzichten, ohne Selbstmord zu begehen.

2. Die Klassenaktion des Proletariats aller Länder muß im Frieden wie im Kriege auf die Bekämpfung des Imperialismus und Verhinderung der Kriege als auf ihr Hauptziel gerichtet werden. Die parlamentarische Aktion, die gewerkschaftliche Aktion wie die gesamte Tätigkeit der Arbeiterbewegung muß dem Zwecke untergeordnet werden, das Proletariat in jedem Lande aufs schärfste der nationalen Bourgeoisie entgegenzustellen, den politischen und geistigen Gegensatz zwischen beiden auf Schritt und Tritt hervorzukehren sowie gleichzeitig die internationale Zusammengehörigkeit der Proletarier aller Länder in den Vordergrund zu schieben und zu betätigen.

3. In der Internationale liegt der Schwerpunkt der Klassenorganisation des Proletariats. Die Internationale ent-

scheidet im Frieden über die Taktik der nationalen Sektionen in Fragen des Militarismus, der Kolonialpolitik, der Handelspolitik, der Maifeier, ferner über die gesamte im Kriege einzuhaltende Taktik.

4. Die Pflicht zur Ausführung der Beschlüsse der Internationale geht allen anderen Organisationspflichten voran. Nationale Sektionen, die ihren Beschlüssen zuwiderhandeln, stellen sich außerhalb der Internationale.

5. In den Kämpfen gegen den Imperialismus und den Krieg kann die entscheidende Macht nur von den kompakten Massen des Proletariats aller Länder eingesetzt werden. Das Hauptaugenmerk der Taktik der nationalen Sektionen ist somit darauf zu richten, die breiten Massen zur politischen Aktionsfähigkeit und zur entschlossenen Initiative zu erziehen, den internationalen Zusammenhang der Massenaktion zu sichern, die politischen und gewerkschaftlichen Organisationen so auszubauen, daß durch ihre Vermittlung jederzeit das rasche und tatkräftige Zusammenwirken aller Sektionen gewährleistet und der Wille der Internationale so zur Tat der breitesten Arbeitermassen aller Länder wird.

6. Die nächste Aufgabe des Sozialismus ist die geistige Befreiung des Proletariats von der Vormundschaft der Bourgeoisie, die sich in dem Einfluß der nationalistischen Ideologie äußert. Die nationalen Sektionen haben ihre Agitation in den Parlamenten wie in der Presse dahin zu richten, die überlieferte Phraseologie des Nationalismus als bürgerliches Herrschaftsinstrument zu denunzieren. Die einzige Verteidigung aller wirklichen nationalen Freiheit ist heute der revolutionäre Klassenkampf gegen den Imperialismus. Das Vaterland der Proletarier, dessen Verteidigung alles andere untergeordnet werden muß, ist die sozialistische Internationale.